BLACK SWAN|黑天鹅

为 人 生 提 供 领 跑 世 界 的 力 量

BLACK SWAN

金韵蓉谈爱情与婚姻

一座美丽的花园
许自己

优米网 编著

辽宁教育出版社

图书在版编目（CIP）数据

许自己一座美丽的花园：金韵蓉谈爱情与婚姻 / 优米网编著. —沈阳：辽宁教育出版社，2011. 12

ISBN 978-7-5382-9530-6

Ⅰ.①许… Ⅱ.①优… Ⅲ.①女性—爱情—通俗读物 ②女性—婚姻—通俗读物 Ⅳ.①C913.1-49

中国版本图书馆CIP数据核字（2011）第249074号

辽宁教育出版社出版、发行

（沈阳市和平区十一纬路25号　邮政编码 110003）

廊坊市兰新雅彩印有限公司印刷

开本：880mm×1230mm 1/32　字数：210千字　印张：9
2012年3月第1版　　　　　2012年8月第3次印刷

责任编辑：吴璇　　　　　　　责任校对：刘瑛
封面设计：门乃婷工作室

ISBN 978-7-5382-9530-6

定价：35.00元

目录

我单身，我很快乐

目录

生为女人，成为女人

目录

男人一生所偏爱的女人

目录

年轻人如何看上去更有气质

目录

如何交朋友

目录

X

我单身，
我很快乐

揭下脑门上的"剩女"标签

现在，女生常常会给自己贴上"剩女"的标签。我很不满意这种情况，因为"剩女"的意思是被剩下来的，既然剩下了，就表示不会再被选择，即使再被选择，也不是第一优先的考虑，而是不得已的将就。我觉得这有很多被动的意味在里头，对女人是非常不公平的。因此我坚决拒绝用"剩女"这个词来形容已经到了30岁却仍然等待美好爱情的女子。

我遇到过一个女生，她今年快29岁了，身高一米六八，月收入5500元，有车，工作稳定，长相也不错，身边追她的男人各式各样，却没有心灵相通的人。等着等着，她就觉得自己成"剩女"了，以后的爱情之路恐怕更难了。

29岁，我真的不觉得她是剩女。我可能会说她是适婚女子，就是已经适龄了，但还没有结婚。有时候"剩女"的标签是外界的人给你贴上去的，但更多的时候往往是你自己贴上去的。如果你在自己脑门上贴上这个标签，你就会不自觉地按照这个标签所代表的思想和行为去做。例如，心理和情绪上觉得自己没有希望了，觉得自己是一个不值得别人疼爱的女人，没有女人味，没有男人缘，等等。

在这种不正确的心理的引导下，有些人可能先发制人，表现

出孤傲、尖锐、不合群，有些人甚至就自我放弃了，不再去争取感情，一个人过着极度奢华的生活。所以，从现在开始，你要把你脑门上的"剩女"标签撕掉，换上"我单身，我很快乐"的标签重新出发。

不可否认，女人到了一定的年龄会产生危机感，但是这个危机感应该是在自己快要失去生育年龄的时候，也就是说，如果你结婚了，但是你可能无法顺利地生孩子的时候，才会有的一点点危机感，但是你也不必终日烦虑。因为在我生孩子的年代，医学还没有这么发达，生第一胎的时候最好要在32岁以前，后来医学逐渐发达了，40岁你都可以安全地生第一胎。所以只要在40岁之前，你找一个合适的人嫁了，一切都没问题。

29岁离40岁还早，现在就把自己当成是剩女，有点自己吓自己的意味。但是如果她还蛮希望在这样一个年龄找到一个合适的对象的话，我觉得应该要先抓住一些机会，可以去一些男人比较多的场合，多参加一些活动，多给自己扩大社交圈，也许会是一个蛮好的办法。

我单身，我很快乐

不要为自己的优秀道歉

网上有一种说法，说剩女可以用"三高"来概括：高学历、高收入、高智商，也可以用"白骨精"来概括：白领、骨干、精英。现在又出现了一个新的说法，根据剩女们年龄的不同，给她们划分了这样几个等级：25-30岁是"剩斗士"，30-35岁是"必剩客"，35岁以上的就更夸张了，是"齐天大剩"。

我常常怀疑设计出所谓的"三高女人"或者"N高女人"这些荒唐词语的幕后推手都被女人伤害过，所以创造了这些充满恶意的形容词，好为自己寻找一些心理上的慰藉。所以女人在看到这些词语的时候完全可以一笑置之，千万不要对号入座，更不用为了自己的天资聪颖、能力过人而感到羞愧。事实上，这些成就都会为我们终将拥有更美好生活的愿景"加分"。

一个女孩子，如果有高智商、高学历还有高收入，那她手上的筹码是很多的。以我为例，很多人都认为我的婚姻很幸福，实际上我也觉得自己还蛮幸福的，但是你必须要承认，我是一个比较高智商的人。我的学历，不能跟现在的年轻人比，但是在我们那个年代，在我这个年龄层里，也算是不错的了。然后是我的收入，我觉得在我这个年龄的女人当中，我的收入也算是可以的，但是这些东西并不会影响我成为一个讨男人喜欢的女人。

我特别想界定一个东西，就是我曾经在某一个电视节目上面说，当我先生跟我生气的时候，我就会摸一摸他的脸说："你不要生气嘛！如果我什么都会的话，我嫁给你干吗？"确实是这样，遇到矛盾的时候我会先示弱。记者就问我，为什么你要示弱？如果这样示弱的话，男人会不会看不起女人？

当然不会！因为你在工作、收入和智商方面已经让男人知道你是很强的女人了，所以你不能在每件事情上面都那么要强。你也不能说这个工作你不会，那个工作你也不会，你会就是会，你很聪明就是很聪明，这不需要去隐藏、掩盖。但是在生活中，在精神层面，你可以故意表现得弱势一点。

我先生住在天津，平常他只有周末才回到北京来。但每次他周末回来，我都睡得特别好，然后我一定会跟他讲，我今天终于可以好好地睡一觉了，先生一定会问为什么，我说因为有你在家，你在家我就会觉得特别安全，然后先生就很得意。

这其实也是我示弱的一种方法。你会发现我不用故意表示我能力不如他，也不用故意表示我什么都不会，但是在精神层面，我可以是一个比较弱势的女人。我没有让他为我做什么具体的事情，说我遇到了什么事情，你来帮我作决定吧，不需要。当你自己觉得，你的决定比较好的时候，你完全可以自己作决定。但是你要让他知道，他是有价值的，因为在情感上你需要这个人。你需要从精神上给他一点点鼓励，这个度的把握是非常重要的。

糊涂女人谈恋爱，理性女人成"剩女"

有人说，很多对爱情看得很清楚的女人，反而成了剩女，那些糊糊涂涂谈恋爱的，却最后步入了婚姻的殿堂。这个观点我倒是同意。我觉得一个女人如果太会算计爱情的话，她有可能会错失一些机会。

我所谓的"太会算计爱情"，是指她一直在解析对方的意图：他说这句话的意思是什么？或者是，他这个举动是不是有什么暗示？我要告诉所有的女孩子，最好少做一件事情，就是不要随便翻看一本杂志，见到上面有什么心理测试就跟着做，做完了以后，就跟男朋友讲："你看我做测试的结果是你会离开我""你会是变心的人""你的星座，注定了会跟我不合"……当你说这些的时候，男生都要被你吓死了，他会觉得你每天都好像是巫婆一样，在计算你们将来会怎么样。

这种女孩子太患得患失了，说她是工于心计，还不完全正确，但是我觉得她太习惯于用她自己的观点和思维去解析爱情了，心思太多、太重。有时候，面对一段感情，你完全可以放轻松一点，去享受它。

　　当然，享受爱情并非完全跟着自己的感觉走。有时对于一段感情的选择，也要参考爸爸妈妈的意见。如果爸爸妈妈说这个人不合适，你不能只听任自己的感觉，因为在爱情里的人常常是不理性的，需要别人的意见来帮你作参考。但是如果大家都觉得这个人很适合你，你自己也觉得跟他相处起来很愉快，那不妨放下心来享受一下，也许你会感觉到，在你轻松了以后，会有一种不同的滋味出现。

"剩男剩女"们要诚实地面对自己

　　剩男剩女的现象一般可以分为两种：一种是主动单身的，本身就不想去找男女朋友、不想结婚；另一种是被动单身的，很想找男女朋友或者结婚，但就是找不到。

　　如果你想找结婚的对象但却一直找不到，这时你就要增加一些能找到的机会，比如参加一些同事、同学聚会，多在女孩子或男孩子多的地方晃一晃，诸如此类的场所，可以增加你遇到合适异性的机会。到概率大的地方去，或者释放一个信号出去，告知大家，本人目前在找男朋友或者女朋友，但还没找到，需要大家的帮忙——这没什么丢人的，你把这个信号释放出去，可能就会得到一些帮助。

另一种情况，你是单身，没有合适的对象，是因为你骨子里就不想去找。我觉得有些人非常适合单身生活，他寻找另一半的时机还没有成熟，但是他的父母、亲戚朋友却非常着急，给他施压。在这种情况下，你就需要让这些人知道你没有找另一半的原因是你觉得自己一个人也可以过得很好。你只要告诉他们，你已经替自己作好了安排，很享受一个人的生活，父母也确实看见你过得很好，那也就OK了。

所以，在静下来的时候，你可以仔细地想一想，弄清楚自己是不是真心想要一个伴侣。如果你想，但是目前你没有，那你应该怎么做；或者说你现在确实还不想找，觉得还没到时候，那完全可以顺其自然。

可能会有这样一种情况，你喜欢的，偏偏是得不到其他人认可的，或者你觉得很合适的，偏偏周围的人都不看好。这种时候，我们要很诚实地面对自己，你到底要什么，应该怎么做，这是你应该想清楚的。不用担心你这样做对不对，也不用顾及如果不这样做会产生什么样的后果，一定要诚实地面对自己。因为你的心最知道和什么样的人在一起、过什么样的生活，你才是最幸福的。

远离琼瑶式的梦幻爱情

冰心对铁凝说过一句话，对待爱情不用着急，所以铁凝到了40多岁才结婚。这也反映了当今社会的一种现象，很多女孩子都是宁缺毋滥的，宁可冒着耽误婚姻的风险，也要等待命中注定的人。也就是说，她们是主动剩下的，而不是被人挑剩下的。

我特别害怕这种女孩子。说真的，每个年代都会有一个影响我们爱情观的精神导师。在我们那个年代里，对我们爱情观影响最深的一个人就是琼瑶。我从13岁开始，就看完了厚厚的一整本《几度夕阳红》，还有《一帘幽梦》。我们会受到影响，我们会认为，爱情就像是一眼见到，然后电光石火地一见钟情。但这种想法是非常可怕的，女孩子在25岁之前可以去寻求这个，因为你必须要有梦。但是如果你过了25岁，我会建议你必须要脚踏实地。

我可以讲一个我身边的故事。我有一个高中同学，大学的时候

我单身，我很快乐

我们俩也在一所学校。她长得非常漂亮，真的特像琼瑶小说里一个非常具有代表性的女主角，头发长长的，眼睛很大很好看，我根本就是跟在她后面的。因为有很多男生给她写信，她从来都不收，所以我就在后面帮她收信，然后跟那些男生说，好吧好吧，我会跟她说。她是一个非常招男生喜欢的人，但是等到我结婚的时候，她还没有结婚。她妈妈一直都觉得很不可思议，说为什么金韵蓉都结婚了，她女儿还没有结婚。照理来说，应该是她女儿要比我早结婚得多，因为我长得比她难看得多。

会出现这样的情况，只因为有一次我们大学聚会的时候，她坐在第一排的位子上，总觉得后面有个人一直盯着她看。我们那个年代的人表达感情的方式也许是含蓄的，但是年轻的心多少都会有一些敏感，所以即使她目视前方，也依然能感觉得到，所以她就回头了。就在那个时候，她的目光跟背后男生的目光产生了对视。那男生的眼神抓住了她，使得她以后再也没有办法接受别的男生了。不过那个男生那时候有女朋友，他们俩之间纠葛了很多年，但是她一直因为那个眼神抓住了她的心，所以她就再也没有办法接受别的男生。反而像我这样子的，只要有男生来找我，我就觉得太感谢了，所以我就赶快跟人家交朋友。

有的时候你会发现，在我们的生活中，反而是像我们这样长得不是很好看的女孩子特别容易嫁出去，因为没有那么多可以挑的，所以会比较轻松一点。我说你没有那么多东西挑的原因，并不是说自暴自弃，而是心态比较轻松，没有把自己架上一个高度，也不会落入〝挑剔爱情〞的陷阱。

所以见到那些漂亮的女孩子，我特别担心她们会把自己架得太高。因为一旦你觉得自己很漂亮，就会对感情有很高的要求，也就限定了自己一定要找一个什么样的人。你端在那里，反而会耽误自己的婚姻。我在我的一本书里曾经提到过，为什么中国古话说〝红颜薄命〞〝英雄气短〞：这件事情对于我们这种〝非红颜〞的人来讲觉得OK，所以我们可以一笑而过，但是对于红颜来讲，她会接受不了，所以她就一直哭，哭着哭着她就薄命了；对于非英雄来讲，一件事情发生了，可能会是一种伤害，也可能是种失败，他觉得OK，没有问题，但如果是一个英雄，他就过不去了，所以他就气短，憋得不行。

所以有时候，我觉得一个人的命运是自己的个性、自己对自己的期望造成的。如果一个女孩子，总是期望那些只能发生在梦里的东西，她有可能会拒绝掉很多的可能性，尤其是在20多岁的时候。

传情达意要欲拒还迎

哲学家尼采说：〝对男人，连最甜的女人也是苦涩的。〞今天，这句话也可以运用在对〝剩女〞的爱情诠释上，越来越多的〝剩女〞在争取爱情的过程中尝到了甜蜜的苦涩。因此，如何俘获男人心，成了控制风险的基数。

想要俘获男人，首先要出席一些有可能遇到合适男人的场合。比如参加一些研讨会，搜寻一下，在网上有很多免费的研讨会。在研讨会上，要注意有些事情是你必须要做的，有些事情是你不能做的。

不能做的事情：比如今天你要去参加一个研讨会，你知道这个地方有很多合适的人，然后你就表现出一副很猴急的样子，根本不好好听人家在说什么，就一直留意是否有合适的男生。如果是这样的话，绝对不会有人喜欢你。因为从心理学的角度来讲，人们特别重视一个东西，就是气场。举个例子来讲，你觉得自己特别紧张，虽然你没有表现出来，但是你的身体会传递一些电波出去，别人就会捕捉到。但是如果你不紧张，觉得很放松，那别人就会被你感染，他也会变得很轻松。如果你特别希望遇到合适的人，也许你没有表现出来，但是别人已经捕捉到了你的信号，他会觉得很害怕。所以你要去，但是不能表现出来，不能这么昭然若揭地告诉别人你

我单身，我很快乐

的目的性这么强。

反过来，如果你表现得过于矜持，拒人于千里之外，也同样不会被人喜欢。你应该表现得欲拒还迎，就是在肢体语言上，你要表现出你已经准备好了，想要交男朋友了，但是在神态和语言上不能表现出来。

比如说在酒会上遇到了一些很可爱的小孩，这其实是女生表现自己母性的一个机会。你可以适当地摸摸孩子的脸，称赞说："这孩子好可爱呀！"但是，你不能很夸张地说："哎呀，我好喜欢，我好想当妈妈。"就是说，你要让其他的人明白，你是喜欢小孩子的，但是又不能表现出想结婚、想当妈妈的急切。你会发现，在你的身上有一些混合的东西，既要表现出来，又不能言明，这是很吸引男生的。

另外值得注意的是你的坐姿。在多数情况下，会场会为我们安排座椅，你要稍微地坐到椅子的一半，身体自然地前倾。这其实是一个信号，如果有男生在注意你，他一定能捕捉得到。

头发也是女孩子传递情意的东西。我曾经特别留意一件事情，就是在一个场合里，如果有一个很帅的男生走进来，喜欢他的女生都会开始弄头发。你看那些领导，尤其是雄赳赳气昂昂的女领导，讲完话下台的时候，99.9%会弄自己的头发，因为头发是表现你喜欢一个人，你希望别人也喜欢你的地方。

所以，如果你喜欢一个男生，你可以稍微弄一下自己的头发，但不要太做作，就在他面前很自然地、稍微地动一下你的头发，就会很容易捕捉到男孩子的目光，如果说他也觉得你不错的话，可能第一印象就建立起来了。

内心强大来自物质强大

有一个女生特意找到我，说她今年37岁了，多少有点面临危机的年龄了，没有车、没有房子，也没有存款，身体也不是很好，像她这种情况，应该怎么找到自己的另一半。

因为她已经列举出来她好像不如别人的这些地方，所以在跟别人交往的时候，她可能在心理上会有一些弱势，会表现出来她是被剩下的，或者说没有人喜欢她。所以我会建议说，在想要找一个合适的人之前，你是否能先累积一下自己的安全感。

可能对一个男人来讲，他会很喜欢去保护柔弱的女人，照顾依赖他的女人，但是他不喜欢背着的这个人总是趴在他身上不动，而且他将来怎么甩都甩不掉，这会让他觉得很害怕。尤其是现在的男孩子，敢于担当的特别少，所以我会建议女孩子要首先考虑累积自己的安全感。比如说能不能开始考虑积攒一些存款，然后你要考虑一下，如果10年或者20年以后，你还没有遇到另外一个人的话，你怎么样才是最有安全感的，就是你不会一个人流落街头，你还有一个地方可以住，有存款可以照顾你的后半生。

如果能开始累积自己的安全感，你就会表现出一种气定神闲的状态，你的这种状态会使男人很放心；而你若只是每天在那个地方等，告诉他："我什么东西都没有，我该怎么办？你可不可以来救救我？"这会让人家很害怕的，你反而会错失机会。所以要首先让自己的内心强大起来，然后有意识地规划一些生活中给自己保障的东西。

对于一个女人来讲，你要让自己有安全感，让自己的内心强大，必须要靠物质强大，也就是说你要有存款，有一个能住的小小的房子，能让你觉得自己是安全的，这是非常重要的。我特别害怕女孩子每天都特别敏感，想的都是很美的东西，以为总有一天有一个白马王子来救她，这是不切实际的。你一定要在物质上面先累积让自己足够安全的东西，才能够进一步获取幸福。

不要为了结婚而结婚

年龄渐长的女子会因为四面八方纷至沓来的热心关切而感到压力巨大。我认识一个女生，她今年30多岁了，她跟我说，这些年在年近30岁还未婚的女人当中特别流行一句话：职场得意，情场失意。很多人把婚姻和家庭界定为幸福的标准，家里的亲人也催她结婚，她妈妈为此还大哭了几次，但是她并不愿意为了结婚而结婚，觉得自己甚至可以寻觅一辈子，也要找到对的那个人。

我看过很多调查，其实不是只有女人，现在男人结婚的时间也拖得越来越晚。这是现代社会发展的一个必然产物，只不过女人因为生育年龄的关系，就显得急迫了些。但是这不是任何一个人可以决定的，有时候你的姻缘还没有到，你再怎么急迫，在自己的脑门贴上〝剩女〞的标签都无济于事。所以，与其要摆脱〝剩女〞的标签而随便找个人嫁了，然后在以后婚姻不顺的时候，给自己留下一个离婚的记录，还不如耐心地等待更美好的那一天。

但是在这个过程中，你可能要面对很多来自家长和朋友的压力。我觉得作为一个母亲，家里有这么大的一个女儿，一直都找不到合适的男朋友，婚姻也是个问题，肯定会特别着急。我只有一个儿子，可能体会不到女生家长的那种心境，但是我有一个外甥女，

我单身，我很快乐

她在30多岁还没有男朋友的时候，我姐姐就是特别地着急。

我姐姐着急的原因倒不是怕她女儿嫁不出去，而是害怕她女儿很孤单，没有人照顾。虽然现在有工作的女人已经懂得如何照顾自己，但母亲还是很害怕在下雨的夜里没人保护自己的女儿，在她经受挫折的时候、需要人照顾的时候，身边缺少那么一个人。所以母亲会一直催促女儿快些给自己找一个男朋友，快点走进婚姻，但重点是，面对这些压力的时候，你怎么想，你觉得自己应该如何做。

"剩女"为何多过"剩男"

很多社会统计学的数据都显示，现在中国的男性是多于女性的，但是为什么"剩女"比"剩男"多？这是一个很现实的问题。一个男生，如果他已经38岁了，可能他的妈妈会有点儿着急，说什么时候才能让她抱上孙子啊？但是不会所有的人都盯着他看，说你怎么还没有结婚？但是如果是一个女孩子，35岁了还没有结婚，她所承受的压力会大得多。

这是个没办法逆转的现实，因为男人的适婚年龄要比女人宽得多。毕竟这是一个父系社会，女人有传宗接代的任务，我们的生理年龄卡在那里了，我们会有点儿焦虑，这就是为什么我一而再、再而三地强调，如果你已经过了适婚年龄，一定要懂得照顾自己，只有把身体和精神的状况、皮肤的质感和身材等各方面都照顾好了，才能延续魅力，拓宽继续寻找另一半的可能性。

其实女人面对的这种压力不是只有在中国才有，在美国也有。如果一个女孩子28岁还没有找到男朋友、还没有结婚，她要比我们中国的女孩子慌得多，所以我们不用觉得只有我们国家存在剩女问题。

认知情绪，承认自己的孤独

如果你是一个没有结婚的女孩子，还没有找到合适的另一半，我会建议你不要遇到什么事情都死扛，要敢于承认自己的孤独。

我所谓的承认孤独，不是说又给自己贴上了一个标签，整天暗示自己"我很孤独""我没有人疼爱"，而是说，要敢于承认自己的情绪。比如你一个人独处的时候，觉得很孤单，心情特别不好，完全不用自己死扛，也不用害怕，此时打电话给别人，向好友求

我单身，我很快乐

助，适当的示弱也未尝不可。我们每个人都会有情绪低落的时候，这是一种正常的心理发泄。所以难过的时候，完全可以打电话跟几个朋友说，我今天心情不太好，能不能出来聚一聚？

有了孤独的情绪，一定要承认。因为你真的跟大家聚了以后，你孤独的感觉就会消失，你的情绪就会变得好一点。可是如果你不这么做，坚持独自在家里窝着，原来你的孤独只有三分，后来就会逐渐变成五分、六分甚至七分，因为你一直在压抑它。

所以你一定要承认，自己是会有不良情绪的。当然，当你有不良情绪的时候，你要面对它，要认知，要承认，然后找出解决的方法，你才会把这个恶性循环截断，要不然的话，你就会坠入恶性循环的深渊里。

拆掉爱的围墙

在剩女中有这样一种个案，她们够独立，也有能力，不仅能在生活起居上照顾好自己，还能像男人一样自己买房子装修，自己安排好自己的生活，但还是被剩下了。原因是男人觉得她们的生活中

我单身，我很快乐

没有男人，也完全可以幸福。

　　我可不可以先打击一下这样的女孩子，太完美、太强的女生，往往更不容易吸引男生的靠近。因为如果她们长得很漂亮，各方面都很优秀，那么男人就会觉得："她怎么可能会理我呢？""一定会有很多人追她，她怎么可能会喜欢我呢？我不是癞蛤蟆吗？""我不要当癞蛤蟆好了，我就不接近你了"……所以有时候一个女孩子太优秀了，反而有可能让男孩子觉得，你不是平易近人的。

　　如果你意识到了这一点，真的觉得自己优秀得让男孩子不敢亲近的话，那么你可以试着放低一点身段。比如在精神上故意表现出一点点的弱势，让那些男生能感觉到你的不同，至少得让他们把你当女生看，觉得你是柔弱的、需要人保护的，这样才能刺激他们想要靠近和追求你的想法。还要注意一些细节的表现，比如在一些男生比较多的场合，如果有男生跟你搭话，你听他说话时一定要身体稍微往前倾一点，仔细地听，面带微笑，很有礼貌地时而点点头。

　　这样做的话，男孩子会觉得这个人是平易近人的。有时候，有可能是我们的城墙太厚了，我们不知不觉就把这个城墙围起来了，只有拆掉这面墙，才有可能亲近爱情。

"剩女"的感情空白是男生的压力

　　有一类"剩女"，从来没有过感情经历，非常单纯、重感情，她们是因为怕上当，所以错过了机会。男生蛮怕这种女生的，我们可能会认为男生比较怕女强人，但是有蛮多的男生挺喜欢功成名就的女孩子，他觉得他可以少奋斗10年。反而是这种女生，男生会有一点点害怕，觉得你已经那么大年纪了，还从来没有交过男朋友，没有跟男生牵过手，那么一旦他牵了你的手，可能就要对你负责了。

　　所以这类女孩子，可能要让自己稍微地放松一点，别遇到一个男生就说"你不要欺负我，我从来没交过男朋友"。那样的话，这个男生可能明天就会离开你，因为他会很害怕。当然，你也不用骗他说你交了很多男朋友，但是你也不用一见面就告诉人家，说你从来没有交过男朋友，更不能说"你要一辈子对我好"这类的话。

　　我觉得你可以在你们已经交往了之后，或者见过几次面了，大家比较有一点点好感，他认识了一个真实的你之后，再把这种意思表达出来，但也不能说"你要对我负责"之类的话。我们可以举个例子来说，如果你是一个25岁的女孩，你从来没有交过男朋友，男生会很得意，"我是她第一个男朋友"，那是很骄傲的。但如果你今年35岁了，你都还没有交过男朋友，男生就会想，一定出了什么

我单身，我很快乐

问题，这个人怎么会没有交过男朋友。虽然他不会去探究你背后有什么样的原因，但是他心理上会有一点点害怕。所以这个时候你可能要稍微善意地做一些掩饰，倒不必说谎，但是不要那么老实。

从感情阴影里走出来

　　有些女生，经历过一次刻骨铭心的伤痛爱恋之后，便不再谈及感情了。我的焦虑也正缘于此。我很担心我们不再相信爱情，不再相信世间还有更美好的真情，不再相信自己值得拥有幸福的婚姻。我们因为害怕被伤害，所以反过来先发制人，先穿上盔甲，先玩世不恭，先学会背叛，以免当伤害来临的时候，自己会措手不及。最终，我们闭上了眼睛，也关上了心门，即使遇到了真爱也不敢回应，不期待任何真情地独自飘零。

　　这样的女生是可悲的，因为一段感情的失败就放弃了以后的幸福是非常不值得的。情伤并不可怕，只要你勇敢面对，总能从前一段感情的阴影里走出来，而当你认识到了自己的感情缘何失败，也许下一段感情里，你就会变得更幸福。

治疗情伤，可以用一些心理学的技巧。你可以在家里很安静地独处的时候，拿出一张白纸，写下第一次感情的经历带给你的伤害有哪些。想到什么就写什么，没有关系，一面写一面痛哭也没有关系，强迫自己，一定要把那些伤害全都列出来。

然后，现在已经时过境迁了，可能两年或者更长的时间已经过去了，你比以前更勇敢也更成熟了。你想一下，如果是在今天，这件事情再发生的话，你有没有解决的方法，有没有可以避免伤害的方法，写下来。你越写就越会觉得自己已经有能力控制自己的感情了，曾经的伤害，已经不会再伤害你了，你就会看见问题的真相。

很多时候，当你想到以前的伤害的时候，因为太痛苦了，所以你不敢去想，不敢去面对。所以那个伤害就会被你想象得越来越大，你的恐惧也会越来越深。但是我介绍的这种方法就是让你知道，面对曾经的伤害，你已经不是从前的你了，这些事情再也不会伤害到你了，这个坎儿你就能迈过去了。

拓宽择偶范围

适婚的女子经常抱怨，成熟男人都愿意找年轻漂亮的，自己又不甘心找岁数小的，同年龄的基本上都已经有对象了，在这种情况下，我们还能找什么样的人呢？

听起来好像蛮无奈的，像是走到一个死胡同里了，这点我承认。我绝对不会"站着说话不腰疼"地说"没关系，你可以找一个比自己年轻的"或者"总有一天你会遇到一个合适的对象的"。有时我们必须承认，现实就是现实，所以有可能需要让自己的条件稍微放宽一点，比方说，如果你是个娃娃脸，不那么显老，那么多保养一下自己的皮肤，看看可不可以将择偶年龄限制向下拓宽一点，比自己年龄小几岁的，跟你的年龄相差三五岁以内的，如果人家喜欢你，有什么不可以？往上再稍微拓宽一点，可以把年龄拓宽到10-15岁。现在的男人保养得也挺好的，即使比你大15岁，在相貌上也不至于太明显，所以可以分别向上和向下拓展一下。

我的意思是说，不要拘泥于一处，认为自己没路可走了。你越觉得自己没有路可以走，就会越觉得现实就是如此了。心理学上有一句话，如果要解决你的情绪，有一件非常重要的事情，就是认知，你得先认知你的情绪。比方说你现在特别害怕，那么你就要承认你特别害怕。如果你是一个还没有结婚的女孩，你很孤独，那就要承认你很孤独。你不能说："我还好啦""结婚有什么好处呢？你看那些结婚的人，痛苦得要死，一点儿都不幸福，还不如不嫁呢"……嘴上总是这么说，心里却想结婚想得要死。

如果说你现在能选的人，范围不像以前那么大了。行！那就面对现实，看看能不能试着往上再挪一点，往下再挪一点，让自己的路宽一点。

虏获"小男人"的爱情

在择偶方面，女生能否接受比自己年龄小的，关键在于自己的心态。一个女孩子，在跟别人介绍她的男朋友或者先生的时候，心里会有一个非常重要的指标，就是当你在介绍他的时候，你的心里是不是认可他，有没有怀着很骄傲的心情告诉别人"这是我的男朋友"，如果他是你心里认可的，你会很自豪、没有任何顾忌地说出这句话。但是如果他有一些让你觉得不满意的地方，比如说他的个子比你矮，或者他长着一张娃娃脸，别人可能都没有注意到这些不足，但是你自己的脸已经开始有点儿挂不住了，觉得不好意思介绍。比如说，你是一个博士生，可是他只是高中毕业，你的心里会有芥蒂，跟别人介绍的时候也会底气不足。

面对年龄的问题也一样。如果你已经过了适婚的年龄却还没有

我单身，我很快乐

结婚，而且你希望能放宽一点，往下拓宽一点点的话，你一定要做到一件事，就是要好好保养自己的皮肤、身材，让自己保持在一个年轻的状态，有一颗赤子之心，可以享受生活，可以像一个小女孩那样生活得很开心。如果你是这样的一个女生，比你小3岁的男生或者小5岁的男生，都不会介意你的年龄，因为你是带得出去的。但是如果你是一副老气横秋的样子，哪怕你跟人家的岁数是一样大的，人家都不觉得你可以带得出去。

所以女生的年龄不是最关键的，关键在于你的状态。如果你能把自己收拾得很干净、显得很年轻，看到很开心的事情你可以拍手笑，可以跳一跳，男生不会这么介意相差一岁两岁的问题。

女生喜欢找大几岁的男人

我身边的一些女性朋友都有这样一个共识，她们在找男朋友的时候，倾向于找一个比自己大几岁的人。比如说她的年龄是25岁，她喜欢找一个28岁或者29岁的。之所以会有这样的情况，是因为女生更注重心理年龄的匹配。

从发展心理学的角度来说，男人的心智成熟速度要比女人稍微慢一些。在幼儿园或者小学的时候，我们会发现小女孩比男生早熟很多，但是到了二十几岁以后，就不会这么明显地表现出来了。

对于女人来讲，我们都特别害怕衰老，尤其是过了40岁以后，女人的衰老速度要比男人快得多。如果说我们在选择男朋友或者丈夫的时候，他要是比我们小几岁，或者跟我们一样大，我们就会觉得特别有威胁感。因为所有的人都会说，女人比较容易老，如果跟男朋友之间没有年龄上的差距，他没有比你大几岁，可能到了40岁以后，你们在容貌上就会显得特别不般配。女人可能需要不断地保养自己，花费很多心力去阻止自己的衰老，但是这个过程中会承受很大的心理压力。

女人的心里有这么多的担心，但是她又不能跟男人说，所以我们只能说因为男人还不够成熟，我们喜欢找比自己年龄大一点的，潜意识里，是因为我们有一点点的不安全感。

收入差距对婚姻的影响

女孩子的收入很高，比如她月收入1万块钱，她可能会有一个论调说，我干吗要找一个比我的收入还少的男朋友啊？可能她并不是希望通过一个比自己有钱的男人来改变自己的生活，她只是希望这个人具有跟她同等的收入能力。

如果你遇到了一个自己很喜欢的人，当然会希望他的收入比你高一些。因为这样的话，你带他出去的时候，会觉得自己很有面子。这对于一个女人来讲是很重要的，对男人来讲同样重要，所以收入上的差距会影响你们之间的关系，这不能完全否认，但是有时候我们是可以允许有一些小小落差的。你们要注意，我说的是小小的落差，你不能说你一个月赚1万块钱，因为你想要嫁一个人，所以你非常柏拉图地说："我找一个月收入2000块钱的也OK。"不，你不会OK的，因为即使你OK，他也不会OK。

当你们结婚的时候，他收入8000块，你收入也8000块，没有问题。结婚5年之后，你的收入变成了8万，他还是8000块，也不会有问题，因为你们的起点是相同的。但是如果还没有结婚，你们的起点就有这么大的落差，那真的要有大智慧，才能面对这个差距。

两个人在一起，收入上可以存在一定的差距，但是这个差距不能太大。比如差个一两千块钱，这个程度是可以接受的。如果你赚1万块钱，他赚8000块钱，这个是不会有问题的，但是如果说你赚1万块钱，他赚1000块钱，这肯定会是问题。即使女人觉得无所谓，男人也会觉得不舒服。

举个例子来讲，在一次节目里我遇到了一个女生。她跟我说，

我单身，我很快乐

她跟她男朋友谈了4年恋爱，他们最初的起点还蛮接近的，但是一段时间以后，女性的职业优势就显现出来了，他们之间的差距就变得越来越大，以至于后来他们已经到了没办法正常沟通的地步。

我觉得如果两个人收入差距很大的话，两个人的思想沟通也会变难，而且他会很自卑。他的自卑会影响他的情绪，两个人的争吵会越来越严重，他们的关系也就很难再维持下去。

交往要看男人潜力

男女之间，即使是两情相悦，也会遇到很多现实的问题。比如，有一个女孩子问我，她非常喜欢一个男孩子，但是他的经济条件不好，应该怎么办？

这需要看他不好到什么程度。也许这个男生目前的收入比较低，但是你得去观察一下，衡量一下，他有没有潜力。比方说他可能学历还不错，或者他具有成功者的人格特质；他可能没有很高的学历，但是你觉得他是一个做事情特别有方法的人，是一个很勤勉的人，你能看得见他的潜力，也许你可以投资。因为你爱他，你可以去等待。但是如果你明明知道这个人游手好闲，或者根本就不具有往上攀爬的特质，你就必须要放下，因为如果你仍然强迫自己接受他，一定要跟他在一起，将来也会有问题。这是一个非常现实的问题，尤其是在现在这个社会。这一点，我们必须要承认。

在管理学当中，讲求的是柔性的力量。这种柔性的力量在女人的身上会发挥得更好，所以相同起点的时候，女人成功的速度会比男人稍微快一点。所以，如果你们之间存在很大差距，而他又不是一个有潜力、有成功特质的人，那么你们之间的差距会变得越来越大。即使现在，你为了爱情跟他结婚了，将来你们还是要面临很多现实的问题，会产生越来越多的麻烦，所以，这种情况就应该尽早放手了。但是如果你明明看见这个人是有成功的潜质，只不过需要给他多一点时间，那就好好地陪他，也是一个不错的选择。

网恋是否注定虚幻

关于网上认识男女朋友的可能性，一直都是一个比较有争议的话题。有一个年轻的女孩子曾告诉我，在网上认识的男女朋友，交往下来总能发现大家不是很踏实。网络上信息量很大，可能大家海量地搜寻，总觉得下一个更好。而对于那些生活圈狭窄的人，网络又无疑是一种好的途径，那么，能不能在网上找到一个适合自己的人呢？

这是一个没有标准答案的问题。因为在我的身边就发生过一个类似的故事。当年，我在英国工作的时候，有一个同事是日本人，37岁了，一直都没有找到合适的对象。但是在我回国以后，她有机会来北京出差，特意找到我，告诉我她要结婚了。我很为她高兴，可是她说："你一定会觉得我特不靠谱，因为我男朋友是在网上认识的。你先不要骂我，我知道你一定会觉得，像我这么理性的人，怎么可能会因为一时的头脑发热而在网上认识男人呢。我可以向你保证，事情就是这么神奇，我也不是一时头脑发热。"

她的男朋友是美国人，在一所大学里教书，两个人相隔甚远，但是他们在网上认识后觉得很投缘，后来就结婚了，婚后也过得非常幸福。

所以我会说，这没有什么标准答案，不能说一定可以，也不能说一定不可以。道理很简单，就是要看你上的是什么网，如果你上一个乱七八糟的不靠谱的网站，遇到不靠谱的人的可能就大一些。但是如果你上的是一个特靠谱的网站，比如QQ群或者是由同性质的人建立的专门的圈子，经常会在网上分享一些东西，虽然大家都没有见过面，但是可能大家的喜好、接受的教育或者从事的行业都差不多，彼此的相似度还是有的，相对来说，就比较真实一点。

女人最真实的时候才最美丽

相亲的时候，第一印象非常重要。有的女生会觉得，现在的男人可能都比较喜欢淑女，如果自己本身的性格是很活泼的，是不是要有意地伪装一下，让自己也变成一个淑女？

我觉得不用，完全没有这个必要。除非你真的是太野了，脚会跷在桌子上面，你得把它放下来，如果你是一个活泼的人，完全没必要伪装自己。女人最真实的时候是最美丽的，因为你的脸上会有温度。一个女人之所以会讨人喜欢，原因就是她能让旁边的人感受到她身上是有温度的。如果一个女孩子，长得很漂亮，但她是没有温度的，那么她不会传递出任何魅力。一个会吸引别人的女孩子，一定是温暖的、有活力的。

传递魅力是有小窍门的，比如遇到喜欢的男生，女生会习惯性地拨拨刘海儿，说话的时候身体要向前倾，还要表现出真实的自己，谈一谈你喜欢的话题。两个人见面的时候，男生不一定总是有话题可讲，他可能也会因为紧张或者本身就不善言谈，想不出好的话题，而使你们之间的气氛僵在那里，这个时候你可以谈一谈你喜欢的话题，还要注意这个话题能引起对方的互动，让他也产生兴趣，这样他才能接下去，才能感受到你的温度和温暖。

一个有温度的人必须是一个有礼貌的人。不管今天这个人能否跟你

继续走下去，你都不应该因为觉得自己是剩女，就开始自我防卫。一个人表现不出自己的温度，很关键的一点就在于他过度的自我防卫。因为你觉得："我今天怎么会来这个地方""我怎么可能沦落到这个地步，沦落到跟不同的男人相亲的地步"。你过不了自己这一关，心里会很抵触，就把自己给架起来了，就把感情的墙给围起来了，你就没有温度了。你应该先解除过度自我防卫心理，才能让别人感受到你的魅力。

相亲时的打扮技巧

在相亲的时候，女孩子应该怎么穿衣打扮是有一些说法的。我个人建议，相亲的时候，女孩千万不能太可爱，因为相亲是比较正式的约会。你也不用穿的都是蕾丝边、花边，弄成那个样子，就是目的性太强了。切忌穿一些浅粉红色的衣服，一副很恨嫁的样子。你可以穿一些像米色、水蜜桃色的衣服，尤其是水蜜桃色，它虽然带有一点点粉红，但是它又带了一些金橙色，是非常富强的颜色，也是不错的选择，因为它会让男孩子觉得你很温暖，是一个蛮知性的人。其实男孩不喜欢一见面就装扮得花痴的女孩子，这边弄个小蝴蝶结，那边弄一点更显可爱的修饰，那会让人觉得很不舒服。

不能化太浓的妆，别涂深颜色的指甲油。从色彩心理学的角度讲，很多已婚的女性都觉得自己穿上黑颜色的内衣，或者穿红色、鲜紫色的内衣，就会让她的先生觉得她很性感，错！当一个男人晚上回到家里，看见自己的太太穿着特别性感的内衣，会觉得这是一个不正经的女人，他的内心深处会有一种抵触的心理出现。所以，如果在新婚的时候，或者已经结婚了一段时间，想要重新调剂一下夫妻之间的感情的话，女生可以选择淡淡的、高雅的、能衬托出自己独特气质的衣服，这样会让你的先生觉得你是很纯洁的，是符合你在他心里的形象的。

同理，在相亲的时候，也应该让他觉得你是一个很单纯的女孩，而不是一见面就给他一种特别花痴的印象，让他觉得这个女孩可能很开放，等等。毕竟在我们生活的大环境里，男孩子还是比较喜欢娶单纯的、本分的女孩子为妻的。

你也别穿破了很多个洞的牛仔裤。相亲的场合不是彰显你个性的地方，你要让对方觉得你特别重视今天这个场合。你穿得很适当，把头发梳理得干干净净的，把指甲修剪得整整齐齐的，表现了你对今天要见的这个人的一种尊重。你不能说你不在乎，就邋里邋遢的，戴个鸭舌帽就来了。

如果你真的不在乎，还去相亲干什么？那不是尊重，也不是一个女孩子应该有的风范。

我单身，我很快乐

第一次见面如何不过界

我想先给大家讲两个故事。

第一个故事发生在我的一个朋友身上。她因为工作的关系，一直都没有找男朋友。转眼已经到了适婚的年龄，周围的朋友、同事都跟着着急，不停地给她介绍男朋友。她的心态还算好，比较平和，对相亲这种形式也不是很排斥。不久前她遇到了一个男生，开始的时候她对他的印象还不错，但是两个人第一次出去看电影，男生就做出了一些很着急的举动，主动拉她的手，甚至做出了更亲密的举动。她的心里很排斥，最后拒绝了男生的追求。

第二个故事是发生在我另外一个朋友身上。她有一个女朋友，年龄比较大，但不管是学历还是收入、外貌看起来都蛮好的，她就想把这个女朋友介绍给她单位里的一个男生。在她看来，这个男生不太配得上这个女生。但是，当这个女生去见面的时候，就表现出有点着急的心态了，结果男生没看上她这位女朋友。

相亲的时候，两个人第一次见面，尺度一定要把握好，不能太心急了。有时候男生可能是想表现出他喜欢你的动作，但是有些人会给女生一种受侵犯的感觉，有些人就会让女生感觉还挺好的。这是因为一方面女生也喜欢他，另一方面他的那些动作，给人的感觉是非常纯正的、让人舒服的。当然，也有另外一种可能性，就是你不喜欢他，或者他的动机是不纯正的，所以如果当下你觉得不舒服，就可以拒绝他，因为在第一次见面中，这样的表现是很不得体的。

女生当然不会去对男生毛手毛脚的，但是很多适婚的女子，被家里催急了，或者本身想投放到感情里的时间就不多，所以她们会在相亲的时候，很急切地表明态度说："我这个人是没时间跟别人玩儿的，如果我们觉得都合适的话，我是很认真的，行的话我们就要结婚，如果不能结婚的话，我们俩就不用再继续走下去了。"这样做是个对的，你不能刚一见面就把自己的目的说得特别明确，那样的话男生就会觉得你特没趣味。

因为不管你多大年龄，你都还是在谈恋爱。恋爱最美好的部分，就是暧昧的部分，就是我觉得你可能有一点点喜欢我，但是我还不能最终确定，而且，我也蛮喜欢你的。那种感觉是很美好的。所以你不能一见面就说："我这个人就是奔着结婚来的，如果你没打算结婚，就别跟我在这儿穷搅和了。"这种女人是特别无趣的，这样做是不可以的。我觉得即使你已经40岁了，你还是要允许自己享受恋爱的过程，因为那个过程是非常美丽的，可能别人享受一年，你觉得自己的年龄不允许，那你享受两个月总还是可以的！你一定要允许自己有那个阶段，因为有了那个阶段以后，你们婚姻的基石才会变得稳固。所以，不用在第一次相亲的时候就把目的说得那么明确，要让男生觉得他是可以在你的身上享受到恋爱这个过程的。

女人在那个阶段是很美丽、很妩媚的。从神经学的角度来说，我们的脑子里会分泌出一种叫做"疯恋激素"的东西，就是当你喜欢一个人的时候，你的脑子里会开始释放、分泌一种激素，这种激素会让你跟发疯了一样，一天24小时你都想看见这个人。对于一个男人来讲，当他喜欢一个女生的时候，也会分泌出这种激素，他会很享受这个过程。如果你不给他分泌这种"疯恋激素"的机会的话，就很无趣了。所以不管你的年纪有多大，都要允许自己去享受恋爱的美好。

相亲如何谈吐得体

我有一个很博学的朋友，每次跟他交谈，我都会因为他深奥的思想世界而对他多几分欣赏。可是这样的人，却吸引不来一个女朋友。因为不管是在相亲的场合还是约会的时候，他都从很深奥的话题开始，一会儿是美国泡沫经济，一会儿是佛学的博大精深，他讲得头头是道，可是女孩子听得晕头转向。几小时下来，他说得很满足，但是女孩子早已经做好了跟他分手的准备。

　　没有一个女孩子愿意在相亲或者约会的场合谈特别沉重、严肃的话题，如果你大谈特谈社会现象，说真糟糕，云南这个地方已经很多天没下雨了，现在地球的温室效应很严重，我们应该如何去预防之类的，或者一见面就问对方最近读了什么书，这些都很讨人嫌。你完全可以挑选一些相对轻松的、互动性比较强的话题。比如你可以说你最近看了一部电影，还蛮有趣的，或者说你遇到了什么搞笑的事情，讲出来能活跃气氛的都可以。话题要尽量轻松一点，千万不能在相亲的时候，表现自己很渊博的知识，"我最近读了一本存在主义的书，觉得特别好"，对方会觉得你很无趣，根本就不知道应该怎么跟你交流，对你的印象可能也会大打折扣。所以选择的话题必须是对方能接得上的，这是一种礼貌，也是一种温柔。

　　在相亲的时候，有一些话题是很忌讳的。比如说前任男友、你之前有没有谈过恋爱、是什么原因分手的、对方是什么样子的人，等等。没有必要据实相告，更没有必要提及这个话题。如果对方主动向你提及，你也可以利用一些技巧去回避。

　　我有一个老师，她是英国人，她就非常善于有技巧地回避别人的问题。比如，别人很唐突地问她高龄多少了，她都会说："我比我的牙齿大半岁。"因为牙齿是在她出生6个月以后才开始长的，所以她比她的牙齿大半岁。这样说，一方面回答了提问者的问题，一方面又没有告诉对方自己的实际年龄，拒绝得很委婉。

在应对男生不礼貌的提问时，也可以利用这种方法。如果有男生问你，你有没有谈过恋爱，千万不要说你都忘记了，这太白痴了。一个有智慧的女人会说："哎！你为什么会问我这个问题？"把问题丢回去，看看他怎么说，从他回答你问题的方式，就可以知道这个人有品还是没品。

假如你遇到的是一个很有品的男人，他并不是用很冒犯你的方式来问你，而是开诚布公地说，他谈了几次恋爱，把自己的经历都说了一遍，然后很期待地看着你，意思是，你也该说说你的了。在这种情况下，你也不需要跟着他走。你完全可以拒绝，但是要非常优雅地拒绝。

因为在第一次相亲的时候，尤其是女孩子，尽量不要提及跟前任男朋友分手的原因，不要批评别人，也就是不能从你的嘴里说出太抱怨的话，让别人看见你尖酸刻薄的那一面。其他的方面，比如说你有车有房，你觉得需要说，可以轻描淡写地说一些，因为这些确实是你的成就，没必要遮掩，但也不用说得那么详细，或者是在说的时候露出得意和炫耀的表情。

拒绝的艺术

电影《非诚勿扰》里，舒淇扮演的是一个明显拒绝男人追求的女人。在现实生活中，有很多女生会刻意模仿她，为了营造一个欲拒还迎的气氛，刻意去拒绝男生，但是往往结果与电影相差甚远，甚至可能会因为拒绝不当而错过了一段美好的姻缘。

电影里面的东西可能是以现实生活中的例子为模板，确实有这个原型存在，但它是经过了艺术加工的，是被夸大了的。在现实生活中，除非这个女孩子长得跟舒淇一样漂亮，身材也一样那么火辣，那么她即使明显地拒绝了别人很多次，可能还有人会一如既往地追求她，否则这种情况就是不现实的。我会建议女孩子，你要拒绝男生，但是不能拒绝太多次，要婉拒，不能太凶。

如果你今年20岁，那大概可以拒绝10次，但如果你已经到了30岁，大约拒绝一次半就可以了。因为男生是会打退堂鼓的，现在的男生是这样，他会计算投资报酬率，除非你拥有特别美的容貌，或者有特别讨人喜欢的性格，他才会愿意在你的身上投入更多的时间。如果你是一个很普通的女生，跟其他大部分的女人一样，没有太大的差别，他可能会考虑到，如果你根本就不喜欢他，那他就不在你身上浪费时间了。

所以你要拒绝，第一次不要那么急，要给自己留一点点的小尾巴。比如第一次他约你，你不想去，你要很有礼貌地说："真抱歉，我今天真的是没空，我们再约好不好？"但你不要说："我真的不想去，以后再说吧。"

第一次的时候你不要答应，但是要很有礼貌，非常优雅地拒绝别人。当他第二次邀请你的时候，你要作出努力。什么叫"作出努力"呢？就是你还是可以不去，但是要很努力地找出时间要去。比如说今天是星期三，他想约你去看电影，你可以说："我今天没有空，很抱歉，很早前就安排了一个会，但如果是星期五或者星期六的话，我可以去，你方便吗？"所以说，你不要那么容易就出去了，但是也要给自己留下一个机会。

女孩索要对方联系方式的最好办法

女生会很苦恼，在相亲的时候，第一次跟男生见面，发现自己很看好对方，那她应不应该主动给他留下电话号码，或者应该怎样向对方索要联系方式呢？

我单身，我很快乐

在现今社会，如果已经到了去相亲的地步，我们的目的性是非常明确的。你不是在一个酒会上认识了一个男生，中间还需要一个过程。你已经是在相亲了，我们的目的是非常明确的。如果你喜欢这个人的话，完全可以跟他说："你要不要我的E-mail？""用不用我留E-mail给你？"女生可以很大方地问，不用觉得害羞，或者出于矜持，什么都不敢问、不敢说。

但是给对方留下你的邮件地址，会好过你给他电话号码。因为你给他电话号码的话，他是否愿意给你打电话，这中间有很大的强迫性。但如果留邮件的话，既有点远，又留下了一个联系方式，蛮符合一个女孩子欲拒还迎的表现方式，而且写邮件比发短信的发挥空间更大，更有利于表达。如果你问对方"我要不要留我的E-mail地址给你"，如果他真的很喜欢你，他就会说"好啊！那你要不要也给我你的手机号码"，你就可以很自然地给他了，如果他没问，你就知道，没戏了。

生为女人，
成为女人

女人是一个柔软的角色

　　这个世界上会有男人和女人之分，是因为女人要承担的责任跟男人不太一样。作为一个心理治疗师，我经常说，女人是一个柔软的角色，她在情感上面会比男人更坚强，所以她要承担更多柔软的功能。所谓的"柔软"，是说不管你是什么样的一个形状，不管你遇到什么事情，你都能接受和承载。

　　女人的一生要同时扮演很多角色，从女儿、妻子到母亲，这个转变的过程中更多需要的是柔软的力量，需要自己的拿捏。因为很多身份其实是叠加在一起的，并不是说你曾经是女儿，现在变成别人的妻子了，就不再是女儿了。或者说你现在是母亲，就不再是女儿了。女人的角色是一以贯之，它会一直循环。

　　我们在当小女儿的时候，更多的是仰赖父母的照顾。可是当你长大了，有了自己的孩子的时候，你就会从被照顾的角色转换为照顾人的角色，你需要对孩子投入更多细腻的情感。这时候，可能父母也已经渐渐老去，你会发现女儿在家庭里面所扮演的照顾父母的功能，可能要比儿子多很多。所以，女人的角色不是阶段性的，而是相互之间有一个叠加。你曾经只是一个单纯的小女孩，但是慢慢变成了别人的妻子和母亲，但是你仍然是一个女儿，你需要对不同

的人承担不同的责任，这就需要你利用自己柔软的力量，去扮演好不同的角色。

女人是情绪稳定的力量

有一位网友问我，现今社会，男人的安全感要靠女人的独立来实现，这一点能反映社会的变化吗？我觉得没有。尽管在现今社会，很多女人都从居家型向事业型转变，经济独立了，对男人不再依附，能独立支撑起一片天，但是作为情绪上的稳定力量，是女人自古以来就能实现的，不分事业型或者居家型的女人。因为即使是一两百年以前，女人是足不出户的，她也能给男人带来情绪上的安定力量。

一个女人，即使是待在家里，也能给人一种如同定海神针一般的感觉。举个例子，当一个孩子回家的时候，他推开门以后，第一句话喊的一定是："妈，我回来了！"他不会一打开门就说："爸，我回来了！"除非知道当时妈妈不在家，如果妈妈在，他开门后的第一句话一定是跟妈妈说的。

老公回来以后，一推门一定是说："老婆，我回来了！"他为什么要这样喊？因为他要听到一个女人的声音，这个女人的声音是一个情绪安稳的力量。所以，即使你今天不出去赚钱，就待在家里，也能给这个家庭带来情绪的稳定。他需要你是一个很强的、很稳定的情绪上的力量，即使是待在家里，也能让家变得更稳固。

女人要是自己"舒适圈"的中心

有一个网友说，现在城市中的女性分为几种，一种是工作型的，因为有钱就会有安全感；一种是依附型的，傍一个有钱的人逍遥地过日子；还有一种是居家型的，每天朝九晚五急急忙忙坐着地铁，上班做饭照顾孩子，活得非常累。尤其是后两种，如果丈夫有了外遇，自己的天就塌了。她也非常害怕，不知道应该如何选择自己的人生，让我给她一些建议。

从一个心理治疗师的角度来说，我越来越发现，人们的人格特质是有很大差异的，每个人选择他舒适圈的方式是不一样的。随着人生阅历的增长，你会越来越明白，人生是没有一个统一的标准可循的。我们不能说哪种生活方式是最好的，哪种思维是最正确的，因为人本来就是不一样的，不同的人格特质会表现出不同的需求来。我们只能说，你在建构自己的舒适圈的时候，一定要考虑到这个舒适圈能不能跟着你一起走。

比如说我是一个家庭主妇，我把我的舒适圈都建构在我先生给我的温暖的家，他来照顾我们的生活。可是有一天当我先生移情别恋了，把这个舒适圈带走的时候，我就发现我一无所有了，简直没办法生活下去了。因此，不管你的舒适圈是什么样的形状，你一定要记得一点：你必须要能随时带着这个舒适圈离开，你必须是这个舒适圈的中心，不能依靠别人，不能是他走了，你的舒适圈也跟着走了。

我们每个人都能找到让自己安身立命的东西，即使是家庭主妇也同样可以。我们不能说一个工作型的女人就比依附型的女人优秀，这是不公平的。从一个依附类型的女人的角度来说，如果她有这个条件，有这个情商，能够很好地傍一个大款，而且在傍大款的过程当中也获得了快乐，知道怎样把持自己，那也是一件成功的事情。任何人都没有权利去指责她，或者对她的生活指手画脚。

所以，不管你选择哪种类型的生活方式，都不要觉得自己是最优秀的，也不要觉得自己是最糟糕的，你只要问自己一件事：你幸不幸福，能不能让这种幸福永远地跟着你走，也就是你能不能决定自己的幸福？至于你要选择什么样的生活方式，因人而异。

学会喜欢自己

如果你问我，爱自己有那么难吗？现在的女孩子不是都挺爱自己的吗？我会回答你，是的，爱自己确实是挺难的。因为它不仅仅是简简单单地舍得花钱给自己买件衣服或者买双鞋子那样的爱，也不仅仅是学会照顾自己的情绪、照顾他人的情绪那样的爱。它应该有更深层次的、更积极的动机，包含了对自己的责任、对他人的尊重和对生命的宽容。

有些女人可能已经具备了很多优秀的品质，她性格温柔，有教养，学历也高，长得也很漂亮，但是除了这些品质之外，她可能最难做到的事情就是喜欢自己、爱自己。如果你问我，金老师，你喜不喜欢你自己，我都不敢告诉你说我百分之百地喜欢我自己。因为我在照镜子的时候或者跟别人交往的时候，我还是会看见很多我自己不够好的地方，我还是会有忐忑的时候。当我做得不好的时候，我还是会责备自己、怪罪自己。

喜欢自己是一生都需要学习的功课。也许你的教养好了，有事业了，拥有了很高的学历，拥有了很多优秀的品质，但是还有一个东西是你需要用一生去学习的，那就是你要一直不断地告诉你自己："我喜欢我自己，我爱我自己。"

生为女人，成为女人

听自己的身体说话

从事自然疗法的人都知道一句话："听自己的身体说话。"这句话是我们在为顾客做完自然疗法之后必须说的。例如做完芳香疗法按摩后，如果你的身体很困乏，很想睡觉，那就赶快回家美美地睡上一觉；如果感觉想出去走走，到户外呼吸一些新鲜的空气，那你就赶快行动；如果你觉得肚子饿，想要大吃一顿，那就在附近找找餐厅，吃一些美味的东西……总之，要听自己身体的命令行事，因为那才是最能满足它的方式。

"听自己的身体说话"有两层含义，一方面关乎身心健康，另一方面是要"悦纳并表现真实的自己"，除了生活内容顺应自然、不违逆自然规律之外，自然而真实地为人处世、自然而真实地流露感情，甚至自然而真实地暴露缺点，也是一种很好的追求。但是年轻人往往很难接纳自己，总是希望通过一些途径把真实的自己掩藏起来。

举例来说，有一次我参加节目，一个年轻的男孩就问我，怎样通过精油来改变自己，使自己拥有一些不具备的特质。他的意思是，如果想要培养自己的一些特质，是不是通过精油就能帮助他达到。我会建议现在的年轻人，你必须要选择你喜欢的东西，不用去做别人。我在《谁能写出玫瑰的味道》里也有提到，一个最成功的人、最受人喜欢的人就是一个最真实的人，你一定要做真实的自己，不要矫情。

　　我特别害怕年轻人穿上别人的衣服、戴上别人的面具，但是骨子里面不是那个人，别人能看出破绽来。你自己在面具下也会不开心，没办法表现自己真实的能力，因为你穿的是别人的衣服、戴的是别人的面具，你得把真实的自己掩藏起来，时间长了，你会忘记还有你自己，你会习惯于＂失去自我＂。所以我宁愿你戴的是自己的面具，穿的是自己的衣服，你能表现出最美好的自己，那才是最吸引人的。

　　所以，不应该划定男人属于哪一种类型的精油，或者你需要用哪一种类型的精油去修饰自己，做你自己就是最好的。可能你会说，糟糕，我喜欢花瓣怎么办？男人怎么可以喜欢花瓣呢？那你就错了，一个喜欢花瓣的男人，虽然看起来非常纤细，但是他是非常感性的，他能写出很优美的文字，有艺术家的气质，这也是一个美好的特质。所以，不要总用一个固定的标准来衡量自己，穿上你自己的衣服，戴上你自己的面具，做你自己，你就会是最好的。

生为女人，成为女人

每个年龄都有自己的味道

很多年轻的女孩见到我的时候就会问我："金老师，我真的很羡慕你的气定神闲，你的优雅，你的云淡风轻，我怎么才能像你这个样子？"

我常常会跟年轻的女孩说，如果你现在只有25岁，却像是一个50多岁的女人一样云淡风轻，你就麻烦了，你是未老先衰了。一个20多岁的女孩，就应该有属于她这个年纪的味道，洋溢着青春的美丽，全身散发出来的都应该是一种朝气、一种活力。而到了30多岁以后，她会开始了解更多的生活，眼睛里会有一点点的睿智、有一点点的故事，她会有属于这个年纪的味道，一种成熟的而又充满了智慧的气息。

到了50多岁的时候，像我一样，也许她的皮肤的质地没有年轻女孩那么漂亮，但是她眼神里的光芒可能是年轻女孩所没有的，那份气定神闲，那份云淡风轻，其实是靠阅历得来的，不是说年轻的女孩想学习就能够展现出来的。每个年龄都有属于那个年龄的味道，只要用平常心看待就好。

我记得有一次参加节目，有一个年轻的女孩问我，大家都觉得30岁的女人才有味道，她才20多岁，在很多人眼里，这种年轻的女孩是比较任性的、稚气的、没有味道的。她因此很苦恼，因为她很想做有味道的女人。

我很难赞同这种观点，并不是说你一定要到了某一个年龄，你才能有味道，也不是说你年轻的时候就没有味道，那只不过是不同的味道罢了。

根据人格特质选择香味

闻香识女人，顾名思义，就是通过香味来辨别女人的品位和性情。欧美的一些国家对香水的使用非常重视，但是在我国，对于香水的应用还只是停留在时尚的阶段。我觉得对于香味的使用，是跟民族的发展过程有关系的。中国人向来对于身上的香气没有过多的重视，尽管香妃是几百年前就有的，她的香气也是一代传奇，但是除了这个特例以外，我们似乎听不到其他关于身体香气的传说。

使用香水一定要特别留意的就是，你是用香水来愉悦自己，美化氛围，如果目的性太强，可能会起到相反的效果。有的时候你会发现，迎面走过来一个人，她身上的气味太过浓烈，会有一种很刺

生为女人，成为女人

鼻的感觉，跟她乘坐同一电梯的人，总是忍不住想要打喷嚏。这种使用方法，就是适得其反了。女人身上如果有一些淡淡的香气是一件很美好的事情，但是如果这个香气侵犯到了别人，就会起到一种反作用。

对于香水的使用，可以从我们爱美的时候开始。十五六岁的女孩，如果学校允许的话，都可以带有一点点的香气。你不一定非要喷香水，洗头发的时候，用的洗发水可以是含有一些自然的香气的，你甩头发的时候能够有一些香气，这也是一件很美好的事情。

念了大学以后，开始留意到男生了，男生也开始留意到你了，香气是一个能增加自己妩媚程度的武器，你只要用对了，就能为自己增添很多魅力。那么怎么才算是用对呢？这就要知道自己的人格特质。比如说，有的香水的味道是花瓣的香气，就跟精油是一样的。可是如果你不是一个花瓣气味的人，你喜欢穿的衣服是很帅气的，打扮得就像是一个小男孩一样，但是你喷了花瓣的香气，就会跟你的人格特质格格不入。

有的人喜欢橡木香的气味，有的人喜欢水果香的，有的人喜欢花瓣香的，很多女生在选择气味的时候常常是根据自己的喜好，但更主要的应该是看你的人格特质是什么，合适的香气才能把你的人格特质发挥得更好，增强你的人格魅力。不要去做那些不属于你的事情，只有找准了自己的人格特质，那些香气才会为你加分。

生为女人，成为女人

做一个有教养的女孩

在做节目的时候，有人问我，女人可以这么分吗？上品女人如茶的味道，中品女人如汤的味道，下品女人则如泔水，问我能否给大家分析一下不同味道的女人。

首先我不认同这种说法，而且我会有一点点生气。什么叫下品女人？应该是说这个女人比较泼辣，或者长得不够漂亮，气质不够好，缺乏教养，等等。但即使如此，她也不会是泔水，也不应该是泔水。我觉得你可以说她有比较辛辣的气味，或者她是其他什么样的气味。我喜欢分辨一个女人的气味，比如她像花瓣般的香气，或者她像水果般的香气、种子般的香气，等等，但是我们绝对不能说人家像泔水。

我们可以说她们"无品"，当然"无品"这个词也稍微有点严厉了，但是确实会有一些女孩子，长得很好，学历也很好，但你就是会觉得很可惜，因为她们正是缺乏了那一点点的教养，不太懂得怎么尊敬别人、怎么温柔地跟别人说话。

有一次，我在北京坐地铁回家，遇到了几个女孩子。她们一字排开，就站在我前面。从她们的谈话中我知道她们都是北京几个名校的学生，因为她们在说学校的食堂，不断地在重复她们学校的名字，那些名字是我一辈子都考不上的那种学校的名字，所以我非常钦佩，就坐在那个地方听。

其中有一个人发现我了，就开始议论我是不是电视节目《美丽俏佳人》里面的金老师，最让我觉得糟糕的一件事情是她们正在吃糖葫芦，几个学历这么高的女孩子，一面吃着糖葫芦，一面大声喧哗，而且其中一个的糖葫芦汁儿都已经流到我的大衣上面了。

那时我就觉得很遗憾，很多时候我们的教养跟学历是不成正比的，如果你让我从中选择，我宁愿选择一个有教养的女孩，而不是一个学历高的女孩。但是如果一个女孩的教养好，我觉得她的学历也一定是好的。我所谓的"学历"并不是说她一定是哪一所名校毕业的，而是她一定是受人尊敬的。

可能有些人会说，这些女孩子做这些事情的时候，她本身是意识不到的，没有人告诉她，或者是说她的父母从小不教育她。所以，家庭教育也是很重要的。这一点我不否认，但是我没有资格说别人缺乏家教或者父母缺失这一方面的教育，我觉得之所以会这样，可能整个社会都有责任，就是我们重不重视这些东西。

我再举一个例子，是不久前发生的事情。我在外面逛街，因为天气很冷，所以特意去了大卖场。那里面有很多床铺，是展销的，可以让人试躺的，但是有几个年纪不大的女生，正用非常不雅的姿势躺在那里大声地聊天。

如果说是因为没有人提醒，这些女孩都是无意识的行为，那么

我很想对她们说，如果一个女人会被别人形容为〝无品〞，或者用一个更糟糕的词——〝泔水〞来形容的话，我们真的不能怪别人对我们太严厉，而应该怪我们对自己不够严厉。

举止优雅和钱无关

国内有一位从事社会学教育的教授说：〝美丽，这个曾经来自天然的赠予，现在随着工业的进步，已经变成来自购买的行为了。〞言下之意，也就是说，原来你生来是什么样子的就是什么样子的，现在不管你生来什么样，都可以借由〝购买〞——不管是购买化妆品、保养品还是通过专家的手术，让你得到很大的改变。于是很多人就认为，只要有了购买力，有了足够的金钱，就可以让自己或者下一代变得更美丽，更加有教养，举止更加优雅。

有一位朋友，她是一位母亲。她说她看到电影《泰坦尼克号》里面有这样的一个情节，萝丝在船舱看见一个小女孩，从小就被妈妈训练成贵族，在她们的环境里，贵族代表着权力和财富，所以萝丝本人也被妈妈训练成了贵族，要穿着宫廷制式的裙子，举止要非常优雅。那么在现代社会，我们是不是也要这样从小训练女孩子，要她们的举止更优雅呢？

女孩子的举止优雅是增加她性感跟迷人因素的一个很重要的条件，但是这种优雅的贵族形象跟钱并不是充分必要关系，它们之间并不是完全地相关。一个女孩子，不是一定要穿多高级的名牌衣服，才能够表现出举止优雅。所以，在培养女儿的过程中，千万不要认为只要有钱你就能把她培养得举止优雅。你坐在一个昂贵的皮质沙发上，可以坐出优雅，你坐在一个木头板凳上面，也一样能够坐出优雅。这跟金钱无关。

培养修养从约束自己开始

女人要想改变自己的品味，让自己变得有修养一点，一定要从约束自己开始。

现在的人，不管是男孩还是女孩，都太讲究自由了。我们把自由的大旗举得太高了，太崇尚人格的自由。我曾经看到过一个电视广告，宣传语是"只要我喜欢，有什么不可以"。这个广告很风行，这句宣传

生为女人，成为女人

语也成了年轻人思想的一个标杆。他们会觉得，世界就是以自己为中心的，只要他们愿意，只要他们喜欢，那就应该去做，没有什么不可以。

但是他们忘记了，当你自己喜欢的时候，如果你喜欢做的这件事情侵犯到别人了，那就是关乎教养的问题。比如说，现在的很多男孩子喜欢跳街舞，把音乐放到很大声，自己会很享受。但是如果你是在深夜里，别人都在休息的时候，你放着很大音量的音乐在房间里跳舞，就不单是你是否享受的问题，而应该顾及自己的行为是不是影响到了别人，给别人带来了困扰；有一些年轻人，在等公交车的时候随便插队，与老人抢座位。可能你会说，这是你的自由，但是当你的行为妨害到别人了，那就关乎你的教养、你的品质了。

所以说自由是需要被限制的，我们不能太随意了。如果说你在成长的过程当中，或者在跟别人相处的过程当中，你知道自由是以不侵犯他人为底线的话，这就是有教养的一种体现。这不是说你读了多少书就能够做得到的。

享受培养修养的过程

大多数女孩都很注意对自己的呵护，无论是容貌、日常行为举止，还是对自己其他技能的培养，她们都很注意。有一个女孩就跟我说，她平时除了上班还会去上茶艺课，周末还会去学习烹饪和甜品的制作，她觉得女人就应该为今后的家庭生活作准备，只有准备好了才能让自己充满魅力。所以她问我除了这些，还有没有其他的什么课程可以推荐给她。

我觉得她做得很好，如果我们有这个时间和精力，并且有足够的金钱去支付做这些事情的费用，女孩子多去注意一些对自己技能方面的培养是非常重要的。但是我要说的是，你在做这些事情的时候有没有乐在其中，享受这个过程，而不只是需要达到目的。因为你毕竟不是一个面包师傅，也不是一个茶艺师，你得享受这个过程。这个过程是积累你自己的气质，让你更有教养、更有素质的一个很重要的阶段，而不是说你要拿到一个什么资格认证书。

我曾经遇到过一个女孩子，她很焦虑地问我："金老师，我是一个跨国公司的白领，平常的工作非常忙，但是我对自己一直要求很高，总是强迫自己去学习很多其他的东西。最近我刚刚拿到了一个营养师的认证，虽然这个过程很辛苦，可是当我拿到这个认证的时候，我觉得我获得了一种认可。现在我又在打算去考一个心理治疗师的资格证，您对我这个想法有什么建议？"

我看这个年轻的女孩已经瘦得一塌糊涂，脸上长了很多的青春痘，显然是经常休息不好造成的。我就跟她讲，你平常睡觉的时间

都不够，你都没有休闲的时间，在学习这些东西的过程中，你是很难享受到其中的乐趣的。虽然你也在学习，但把拿到一个营养师、心理治疗师的资格证放在了首位，这是不对的。如果你是因为这样的目的去学习，还不如让自己放松一下，充分享受一下平时那些休闲的时间。

去学习这些东西当然是好的，但问题是，你享不享受这个过程？不要逼着自己去学，把学习变成一种负担就不好了。

保养自己要量力而为

我遇到过一个公司的女职员，她跟我说，她每个月都会花费一些金钱在购买化妆品上，偶尔也会去美容院做美容，但是她跟她男朋友经常为这件事情吵架，他觉得女人难养，说每个月花的这些钱都是不必要的，但是这个女孩很不甘心，觉得你不让我保养，难道是想让我看着自己一天天地变成黄脸婆吗？所以他们之间的矛盾一直不断。

生活中这样的例子很多，女人想要保养，但是男人不理解。我觉得女人的保养是必需的，但是要量力而行。你不能因为要去买化妆品或者去做美容，就每天只吃方便面。就是说，你买了化妆品，去了美容院做美容之后，你还能好好地照顾你自己，还能有一个比较健康的生活内容、健康的生活方式，这是充分必要条件。你不能说别人做一次美容花了2000块钱，你一个月的薪水只有2800块，你也花2000块钱去做美容，剩下800块钱只够每天吃一个面包，这就本末倒置了。所以，保养自己、宝贝自己必须要量力而为，你一定要知道自己的预算底钱有多少。

比较少的钱有比较少的钱的保养方式，比较多的钱有比较多的钱的保养方式，这也通常会跟你的年龄成正比。年轻的女孩需要的保养品肯定比我需要的要便宜得多，因为你还年轻，你的保养品没必要像我一样买那么贵的，需要那么多种类的。因为我老了，所以我需要的可能会更专业一些，更高档一些，更全面一些。这个是首先要留意的。

其次是，你花的是谁的钱。如果这个钱是你自己赚的，你也量力而为了，你保养你自己，那关他什么事啊？我觉得这个男朋友根本就没有多嘴的权利，你就继续保养你自己，没有问题。因为没有人比你更懂得你自己，没有人比你更爱你自己。

当然，也会有一种可能，是在认识上的差距。男人在跟女人相处的时候，经常会遇到这样的问题。他们会觉得女人的事比较多，

生为女人，成为女人

为什么今天保养脸，明天保养脚，后天又保养手的，他们会不理解这些行为。但是不理解不代表可以随意批评、可以跟她随意吵架。这跟男人的素质有关。一个有教养的男人、一个绅士，是不会对女人在这方面的事指手画脚的。如果这个女人做得太过分了，身边的任何一个人都可以提醒她，但是如果她做的是正确的，她的男朋友还不能理解的话，我只能说他需要学习对女人的尊重。

就像是男人喜欢看汽车杂志一样。我先生以前特别喜欢看汽车杂志，虽然他买不起车，但仍然喜欢看那种杂志。女人不能说，这种杂志有什么好看的，男人光看这些东西有什么用。我们没有权利说别人不能看汽车杂志，同样的，他也没有权利说我们不能保养我们的皮肤，这是一种彼此间的尊重。

女人都有虚荣心

在参加节目的时候，男生总是问我：女人到底要什么？有了这个要那个，没有了还整天抱怨，就不能平淡地过日子吗，就不能不拿自己的男朋友出去攀比吗？对什么东西都不满足，这是不是女人的虚荣心所致呢？

　　我的回答是，的确是这样，这就是女人的虚荣心。但是如果一个女人没有了虚荣心，她也就不是女人了，这个世界就会变得很简单了，因为所有的人都变成了一种人。女人的特质是会比较情绪化，会愿意把自己拥有的东西跟别人比较，让别人看到我们有多幸福。这是一个过程，女人会自己学习。也许她曾经喜欢去攀比，慢慢地她受到了一些教训以后，她的攀比心会变弱。所以身为一个男人，如果你爱上了一个女人，你就要帮助她经历这个过程。

　　比如所有的女人都喜欢问她男朋友爱不爱她，一天要问好多遍。现在的女人都比较好命，听到伴侣说＂我爱你＂是一件很容易的事情，但是在我们那个年代，想听对方说＂我爱你＂，是非常难的一件事情。我经常说我这一辈子都没有听我先生说过一句完整的＂我爱你＂。以前我也一直问，但是怎么都问不出来，最后只好放弃不问了。因为我确定知道他是爱我的，他有他自己的表达爱情的方式。

　　但是能够彻底地了解对方、明白对方的心意，这是一个很艰难的过程，尤其是现在，很多年轻的女孩本身就缺乏安全感，面对的诱惑也太多，她们会需要对方不断地给予肯定、不断地告诉她＂我爱你＂，才能够安下心来。如果你愿意帮助你的女朋友或者妻子，想要让她更幸福一些的话，当她在问你一些问题或者她希望你做一些事情来表现你爱她的时候，你最好尽量满足她。因为当你彻头彻尾地给了她很大的满足之后，她的安全感会增加许多，她下一次再问你的概率也会小一点。可是如果你永远都不给她，她永远都不确定，就会一直不断地去问你，想要得到确定的答案，那样的话，双方反而会更累。

爱情需要冒险精神

有一位写过很多女性文章的著名作家珍妮特·R·斯科拉德 (Jeannette R.Scollard)，给现代女性起了一个非常有意思的名字——都市女冒险家，意思是说这些出色的女性已经跳脱了传统的"男人勇敢、女人温柔"的角色框架，敢于在生活中和事业上迎接更多的挑战，取得和男人一样甚至超过男人的成就。但问题是，这些都市女冒险家们在功成名就以后，一个人在夜深人静的孤独夜晚，骨子里仍然泛着女性的温柔。

如果说感情和婚姻是一个冒险的项目，那么女性在面对这个项目的时候，显然丢失了面对事业的勇敢。于是越来越多的女性都碰到过这样的问题，已经和对方看对眼了，但是会因为害怕改变而不敢表白，害怕关系发生了改变，两个人会闹掰，最后连朋友都做不成了。

至于要怎么跨出这一步，将两个人的关系明朗化，网上有一大堆的方法，所以我只能给你们一些原则性的东西去思考。我不是一个喜欢后悔的人，说早知今日当初我就应该怎样怎样，我不太容易让自己有这样的机会。所以如果我遇到了一个很好的机会的时候，我会很勇敢地去冒险。

我给大家的建议也是一样，一定要敢于冒险。只有你冒这个险了，你才有可能去收获。即使你没有收获，也比你在错过他的时候说"早知今日我就应该……"要强得多。

把握爱的度量衡

有一本书里说：不管你是20岁还是30岁，都要任性而投入地爱一次。执著而任性，同时又不缺乏勇气和谋略是错误吗？不是！因为男人对待感情是吝啬而且被动的，和他们耗时间，吃亏的总是女

人，所以在感情方面，有机会就要去争取。对于一个女人来说，还有什么比一个好男人和一个幸福的家庭更重要呢！

很显然，这段话的思想是在向女人传递一个信息，幸福都是自己争取来的，面对感情问题，我们要主动出击。但是具体到现实生活的时候，还是要看情形。有的男人喜欢女孩子稍微主动一点，那么你就主动一点也没有关系，可能你主动了之后，这层关系被确定下来了，你收获的就是幸福。但是有的男人思想很保守，他们会觉得女孩子应该矜持，不应该太主动，你如果在他面前表现得太主动，可能就只会失去他。

在爱情里面没有太多的谋略，不用算计那么多，把自己的每步都算得特别清楚。而且爱情也不一定需要那么任性地投入，有的人他这一辈子就没有任性而热烈地爱过，我们不能就说他是白活了。他可能本来就是文火加温，好好地过日子，我们不能说他没有轰轰烈烈地爱过就是不对的。

我特别害怕去给人生制定一个标准，然后告诉别人你要这样子才算是活过了，你没这样子你就没活过。不！你们一定要相信，生活是有很多种不同的形态的，你遇到什么样的形态，你就把握好那个形态就行了。

为自己的选择负责

　　前一阵子为了领养马拉维男孩大卫而引起卫道人士口诛笔伐的流行歌曲天后麦当娜在接受记者采访时说："我的个性很强，充满野心，而且很清楚自己想要什么，就算大家因此觉得我是个不好惹的女人，我也不在乎。"这是一段让人欣赏的话，也是一段令人生厌的话。麦当娜在全世界有不计其数的热情粉丝，当然也有不计其数痛恨她的人，可是不管你是喜欢她还是讨厌她，你必须得承认她的成功，因为她塑造了全世界独一无二的麦当娜，她永远都知道自己想要的是什么，并且敢于对自己的选择负责。

　　跟麦当娜一样让人尊敬的另一位女人是美国脱口秀节目主持人奥普拉，人们在讲述她的成功时，总是会首先提及她灰色的人生：9岁遭强暴，14岁未婚生子，18岁吸食可卡因，体重200磅。人们喜欢用那些不堪的人生记录去对比她的辉煌，可是她本人并不在意，并且经常拿自己这些不堪的记录去鼓励那些丧失梦想的人。在一次回答记者提问时，当问到是什么原因促使她事业上能取得如此大的成就时，她微笑着回答说："我只做了一件事，就是对自己的人生负责。"

　　如果我们再翻看名列全球最具影响力的一些女性的成长记录，你会发现她们不管是事业成功还是家庭美满，都是因为她们能够对自己负责，并对自己所作的选择负责。说到这儿，你是不是觉得我接下来要说女人应该如何自立自强才能取得成功？你是不是觉得我在提倡女人要像男人一样遇到事情要坚强得打落牙齿和血吞？不是的。我只是要告诉你，人生中可能会有很多的选择，有很大的，可能关于人生关于志向的，也有很小的，可能只涉及晚饭吃什么，星期天你想几点起床。但是不管你最终作了哪一种选择，你都应该是敢于对自己负责的。

比如说我在节目里，经常会有人问事业和家庭怎样维持平衡，这两者对于女人来说都很重要，但是它们经常是发生冲突的，女人应该怎样作选择？

我觉得这个平衡的支点是没有标准的，你永远都找不到一个让所有人都能满意的平衡的支点，所以就要看你选择哪一种生活更快乐。有的人会把这个支点往工作上挪一些，因为他们家确实需要这份收入，她的这个工作确实能够带给她很大的成就，不管是在物质方面还是精神方面，能让她感觉到满足，所以她会更倾向于工作这一方，因为她有这样的需求。但是有的家庭却是需要女人关注得更多一些，那她的支点就会往家庭方面靠。

没有一个标准的支点可言，完全在于你觉得放在什么地方你是最快乐的，你觉得自己是最安心的，那你就去做。但是，一旦你衡量了各种情况作出了选择后，你就要为自己的选择负责任。

生为女人，成为女人

要珍惜拥有的幸福

感情的世界里不会总是十全十美。遇到不圆满的爱情，人们难免会觉得感伤和遗憾。

有一位朋友说，她最害怕的事情就是跟一个相处了很多年的恋人分开，然后跟一个相识只有几个月的男人步入礼堂。她忘记了相恋很多年的盟誓，却向另一个人许下一生一世的誓言，这是一种遗憾和无奈吗？面对这样的事情，她又该怎么调节这种心态呢？因为她总觉得自己失去了一生的最爱。

如果事已至此，你必须要放弃或者要离开已经在一起这么长时间的男人，而要跟另外一个男人结婚，我觉得你应该从另外一个角度来看这件事情。你需要看到的是，你跟你的先生中间有多么大的缘分。古人说"十年修得同船渡，百年修得共枕眠"。你想想看，你跟一个男人在一起生活了那么多年，两个人海誓山盟，下了很大的决心相约到老，你都没有办法跟他永远生活在一起，反而是这个相识了只有短短几个月的人，能够跟你走进婚姻，陪你到老，这背后是有多么大的缘分啊。

对待已经发生了的事情，我们需要放下悲观的态度，换一个角度看问题，这是我们在面对生活的时候需要学会的一种智慧。可能在习惯上，我们比较容易关注自己失去的东西，而不习惯去注意自己已经拥有的东西。所以我们总是在看自己失去了多少年的光阴，失去了心爱的男人，但是你为什么不去想，你只用了几个月的时间就找到了那个你修了几百年才得到的姻缘，你是多么幸运。

如果换一个角度去看问题，很多事情都会简单很多，因为生命就是这个样子的，有时候会充满很多的遗憾和无奈，但同时也会充满了惊喜和祝福，我们要学会去看祝福的部分。

女人不做"黄脸婆"

我听到过很多对感情悲观的声音。

一个即将走入婚姻的女孩问我，是不是结婚了之后就失去了自由，从此要围着老公和孩子转；另一个刚交了男朋友的女孩也在担心，觉得做女人的压力很大，嫁了人之后就要做一个黄脸婆。

这样的观点我是不能同意的。在《女人30+》里面我说过，一个女人一天当中也只有24小时，我们的精力也是有限的，所以我们一定要懂得如何有效地分配自己的精力。如果你白天在公司工作，晚上回到家以后还要洗菜做饭，吃完饭之后还要洗碗拖地做卫生，

弄到晚上10点的时候，你已经累瘫掉了。这种生活不是一个女人应该过的，你得知道我们最好的时间、最宝贵的精力要花在什么事情上，它的产值才是最高的。

对一个女人来讲，这件事情如果是可以花钱请别人来做的，那你就大大方方地花钱请别人来做。但如果这是不能花钱请别人来做的，你就一定要亲力亲为。比如你不能花钱请别人陪你老公躺在床上聊天，所以这件事你要亲力亲为。你不能请别人给你的孩子讲故事，所以你就要自己读故事书。但是你完全可以花钱请别人帮你打扫卫生，帮你做饭，因为这些事情是可以请别人做的。

如果说你不想请人，你就要用你最美好的时间、最多的精力、最专注的精神去做它，这叫生活品质。而不是你每件事情都要做，每件事情都做不好，还把自己累得半死，充满了哀怨，那不是现代女人该有的状态。所以，我们得懂什么事情是需要自己去做的，什么事情是可以请别人去做的，然后毫无负罪感地去作决定。

善用自己最大的价值

很多女人都在抱怨在当今社会女人越来越难做了，既要保持传统的贤妻良母的角色，又要当新时代的女性；既要适应能力强，也要在心理上不断地成长和成熟，恐怕只有三头六臂才能应付自如。但是大多数的女人都是在这之间挣扎，怎样才能让自己变得更强大？

在我看来，变强大的方法就是要善用自己的价值，你要看到你自己最大的价值在哪里。以我为例，我从结婚后的第一天就一直在工作，还没有结婚的时候我就已经有了自己的事业、自己的工作，结婚之后也一直没有放弃。我也要履行作为一个女人的责任，也生了孩子、照顾家庭，但是我非常清楚地知道我的核心价值在哪儿，我这个人最大的价值体现在哪里，就是在我的工作上。我能把我的工作做好，这份工作也能为我的家庭带来很好的经济效益。

我会是一个很好的母亲，但是我不是一个女佣，所以我不需要又做饭又洗衣服，我不需要拖地，我把这些可以花钱请别人来做的事情都交给别人来做，了无负罪感。你千万不要认为找个阿姨来帮你做这些事情你就不是贤妻良母了，绝对不是。

千万不要以为自己可以面面俱到，跟千手观音一样什么事情都要自己做，做到最后你又怨声载道的，觉得苦得不得了、累得不得了。这样反而不是一个美丽的女人。

所以，你要看自己最重要的价值在哪里。可能有的女人在职场上表现得不是很理想，但是她很会做饭，很会烤蛋糕，她会把家里打理得非常干净，这就是她的价值，不一定比那些工作很有能力，

生为女人，成为女人

很会赚钱的女人缺少价值。她的价值就在她的家庭王国里，把家庭照顾得特别好，孩子和先生都觉得特别幸福，那就是她的价值。没有一个标准说女人一定要做什么事情，而是要看在哪方面最能体现你的价值。

闺蜜与男友的微妙关系

一个女人，有可以聊天的闺蜜是好事，那种″三姑六婆式八卦闲聊″是很温馨愉快的减压方式。几个暂时不顾端庄优雅形象的女子，在狂笑得东倒西歪、眼泪直流之后，心情会达到一种前所未有的畅快淋漓。当有人理解裴勇俊的帅、金城武的酷，有人知道怎么只花500块就能穿得像贵妇一样爽，有人明白小腹突出的苦、胸部下垂的恐惧，体会过被爱情滋润的甘甜、被婚姻刺伤的痛，那种轻松和释然，不是男朋友、情人或者丈夫能够给我们的。

前一阵子我读完了一本由两位有心理治疗背景的女性作者写的《女人该有女朋友》，书里面讲述了很多女人因为拥有了同性知己而享受了美好时光并且获得帮助的例子。但是，在这本书中也谈到了"嫉妒"和"背叛"。女人之间特别容易发生这两件事情，而这些可能都跟抢夺男人有关。

在我上节目的时候，也有人说过，闺蜜和男友之间的关系是很微妙的。可能女人之间的友谊不像男人，它是更加细腻柔软的，可以信任而且彼此倾听，有时候女人比男人更了解女人，更容易沟通和包容，但在生活中，可能会发生闺蜜抢走男朋友的例子。面对这种情况，我们应该怎么办？

首先，这种专门爱抢闺蜜男朋友的女人是一种超没品德的女人，如果你发现了苗头就要赶快跟她分开，因为这种人不是一个好朋友。如果说有一个人，跟她闺蜜的男朋友，彼此之间见　面就电光石火般地产生了感情，那可能是另外一回事。但如果她是习惯性地去招惹每个闺蜜的男朋友，就是有问题，是超没品德的。

可能很多人会说，她是你的闺蜜，你经常跟她讲你男朋友的好与不好，在闺蜜的心里就会有一个无形的形象，有一个标准，甚至说她会想象，很多案例都是通过在向闺蜜讲述自己男朋友的过程当中使其慢慢产生好感，直到有一天他们真的见面了，可能就会发生这样的事情。这个理由是不成立的，因为如果是一个成熟的、正常的、有品格的女人，她会知道底线在哪里。

人与人之间是这样，你愿不愿意跟他发生感情，中间是有一些化学反应的。你丢出去一个火花，他会接到的。感情是一个巴掌拍

生为女人，成为女人

不响的。如果今天你跟你的闺蜜出去，她的男朋友也在，可是你的心目当中只有你的闺蜜，你跟她的男朋友之间非常有礼节的话，他是捕捉不到什么东西的。但是如果你闺蜜的男朋友坐在这个地方，你就一直不断地去跟他说话，不断地向他释放暧昧，他当然捕捉得到。这个跟闺蜜有没有跟你说她的男朋友无关，跟你是不是一个谨守分寸的人有关。

人生是一连串的妥协

尽管我一直在鼓励大家发现真正的自己，知道自己心里到底想要的是什么，但是我也有不知道自己想要什么的时候，自己跟自己交谈的时候会发现隔着一层雾气，很模糊的感觉。面对这样的情况，我们首先要学会调整自己，认清自己最需要的是什么。

人生的路很长，每一个人生阶段都有那个阶段的任务要做。就像十几岁的时候，我的任务是好好念书；二十几岁的时候，我的任务是要找到一个好的工作；三十几岁结婚生了孩子以后，我就需要让我的孩子好好成长，这个时候如果我听不见自己的声音是很正常的，因为我有更多的事情要做。直到你慢慢觉得阶段性的任务可以开始放下来的时候，你心里的那个声音才会逐渐出现。所以你不用害怕你现在感觉不到自己最喜欢的东西是什么，有的时候我们要作很多的妥协，人生就是一连串的妥协。

2005年，我开始写作，那时候我已经接近50岁了，才开始从事我最喜欢的工作。而在这之前，我所做的任何一个工作，严格讲起来，除了心理治疗师之外，都不是我自己喜欢的，但为什么我还要去做它？因为这个工作能让我得到更多的收益，我能赚更多的钱，能让我们的家更稳定地成长。尽管这不是我心里面的声音，但是我知道这是我需要去做的事情。所以不用害怕你听不见自己心里的声音，有的时候，现实生活需要我们作更多的投入，会有更多的妥协，但是你只要知道自己最喜欢的是什么，将来有一天当你卸下很多的责任、很多的担子的时候，你可以去做，这样你也是成功的。

你们不用羡慕我现在正在做自己喜欢的事情，我已经50多岁了，有些人很年轻的时候就能做他喜欢的工作。也许你原来就很喜欢当主持人，你现在就当上了主持人，那是你的运气好，命运对你偏袒。但是也有很多女孩子，不是她年轻的时候就能做她喜欢的事情，但这并不意味着她的人生就是悲惨的。我们一定要理解生命，生命就是要我们坦然接受自己现在所经历的事情。

有时我们要学会两害相权取其轻。这个工作不是你喜欢的，

生为女人，成为女人

但它可以带来很多的经济价值。那个工作是你喜欢的，但它的经济效益比较低。可能你的孩子马上就要念小学了，你需要交学费，所以，这时你可能需要选择你不是那么喜欢但是工资更高的工作。也许你会有一点难过，可是当你看到你的孩子可以很好地成长的时候，你会感到欣慰。

你的不安全感来自哪里

我听过一种说法，聪明的女人是不追问男人的收入和行踪的，可以观察，也可以等待。如果他说谎了，你可以考虑给他一个改过的机会，如果他说谎成瘾，你就要考虑这段感情能否继续下去了。但事实上，很多女人总是不自觉地想去盘问她的男朋友，追查他的行踪，调查他的收入，甚至想知道他把每分钱都花在什么地方了。只要他不在自己身边，就会觉得不踏实，经常怀疑他是不是跟其他的女人在一起。

这就是很没有安全感的一种表现，如果我们任由这种情况继续下去，不停地追问和调查，对爱人不信任和怀疑，那我们终究会失去这段感情。所以我们需要首先找到自己的症结在哪里，你为什么没有安全感，是他让你没有安全感，还是你自己没有安全感。

因为有时候，有些男人特别可恶，他真的会让你觉得很没安全感。你们出去吃饭，他跟服务员也可以调情半天，只要身边有女生在，他就不停地跟人家说笑，调戏个没完。这种男人是很难给女人安全感的，你问题的症结就在他的身上。但是有时候并不是男友或者先生没有给你安全感，而是你自己没有安全感，可能是你心里的自卑情结，或者其他的心理在作祟，影响你没办法确认一份感情的安全性。

我们先要找到自己的不安全感来自哪里，再想办法尽快解决。不然的话，最终我们肯定会因为这个受苦，也有可能会因此而失去一段很美好的感情。

男人也需要安全感

不只女人需要安全感，男人同样需要。

我在我的书中提到过，男人是习惯于用左脑思维的，是比较倾向于理性的，但是安全感可能更倾向于感性的方面，即使他们在情感上有一些脆弱，觉得自己好像没有安全感，但是他们会通过理性的分析告诉自己，他已经拥有了。

另外一方面，男人可能会因为害羞，不太敢或者不太愿意表达出他没有安全感的这个事实，所以他会自己把它掩饰起来，转换到其他的方面表现出来。有时候你可能会看到男人对一个物件的需求非常着迷，就像是汽车或者是其他的某一样东西，他喜欢得非常狂热。这是因为他把他在生活当中缺乏的、没有满足的那个东西或那种情感，转而投射到这件物体上面了。

女人因为不断地在寻求，在要求，对一个东西的喜好是比较容易转换的，因而我们不会通过迷恋某种事物来增加自己的安全感。从这一点上我们可以看出，男人跟女人对于安全感的表现和需求方式是不一样的，这也就是男人和女人之间不同的地方。所以，如果你的男朋友喜欢看汽车杂志，喜欢去梦想一些东西，你就让他去做吧，因为他有这个需求。

让爱美丽绽放

梅艳芳的一首《女人花》，唱出了很多女人的怨和忧，苦苦自恋没人懂。女人是朵花儿，需要人来摘，不然就是昙花一现，终将

枯萎。是找一个爱自己的人还是找一个自己爱的人，才能让我们的美丽绽放呢？这个话题我已经谈过很多次了。是选择爱我的人，还是选择我爱的人，这个问题是没有标准答案的。

如果我现在还有选择的机会，我会选择爱我的人。爱一个人是一件非常辛苦的事情，如果你确定知道有一个人是非常爱你的，虽然你没有那么爱他，但是被他疼爱，被他宠溺多一点，会是女人很大的幸福。

可能有人会说，如果爱你的人，有一天他对你失去感觉了，不再爱你了，你不就失去了这种主动的权利和机会了吗？我不赞同这种观点。因为女人一定要做自己舒适圈的中心，你要保证那个舒适圈是会跟着你走的。这一点跟你爱他多一点还是他爱你多一点没有什么关系。

你爱一个人，非常爱他，有一天他不再爱你了，你会受伤；一个很爱你的人，他有一天不再爱你了，你也会受伤。不管怎么样你都会受伤，但是如果你想要减轻这种伤痛，你就要做自己的主人。

从自卑蜕变为自信

很少有人知道我曾是一个自卑的人。

在我的性格里面，有很多悲剧的气质，我多愁善感、情绪化，别人一个并不带任何色彩的眼神，都能被我翻译成含义复杂的信号，并用它来伤害我自己。这种故作忧伤的坏习惯一直持续到我高中毕业。上了大学以后，我才知道它对我的负面影响有多大。

我初中毕业的时候考进了当地最好的女校，而且是以第一名的成绩，但是我走进高中校园的第一天，就是我灰色青春期的开始。我在那么多优秀的女生中间，发现自己那么土、那么上不了台面。我长得不漂亮，在人群里那么不起眼，这种自卑情结让我出于对自己的保护而远离人群，独自留在狭小的、更悲剧的壳里自怨自艾。

我成天缩看我的身体，一头扎进滋味无穷的图书馆，既孤芳自赏又要独自咀嚼生活的苦涩。这样的情绪和心境，当然极大地影响了我的学习。本来从小到大，我都是一个学习成绩优异的孩子，可是高中三年的荒废，让我考上了一个很烂的大学。这时我才发觉，难道我的人生到此为止了？我就这样子了？这不是金韵蓉啊！金韵蓉不应该是这样的人。所以我必须杀出一条血路。我是一路摸索过来，从自卑到自信的反击战，并没有什么特别好的方法。

我觉得可能蛮好的一件事情是，我确实是一个有能力的人，我也确实有足够自豪的地方。在大学的时候，我为了要吸引我先生，到处参加演讲比赛、辩论比赛，我开始知道我必须要运用我自己的优点，才会让一个这么帅这么优秀的男生注意到我。这是我逐渐恢

复自信的一个小小的开始，但是这条路走了很长的时间，将近20年，我才开始慢慢蜕变成一个喜欢自己的人。

所以，如果你也是一个自卑的女孩，不要总是强迫自己在一瞬间就恢复自信，你要给自己时间。

显老的人特别抗老

有一个年轻的女孩，今年才20岁，刚刚上大学三年级，本来年龄挺小的，但是最近她烫了头发。她从来不化妆，但是最近她跟男生们碰面，他们都说她变成熟了。这个女孩就很困惑，不知道这些男生到底是什么意思，是说她老吗？还是男生都比较喜欢小女孩，不太好意思跟她讲。

如果说才大学三年级的话，男生跟你说你成熟，就表示你看起来可能有点老了，我在想，这个女孩可能要把头发拉直，恢复原来的模样。对于一个很漂亮的年轻女孩来讲，让她的外貌跟她的年龄相符是一件很容易的事情。对于我这样姿色平凡的女生来讲，如果一定要做到跟我的年龄相符，有些时候是有点困难的。

我印象太深刻了。我大一的时候，走在校园里，所有的人都以为我已经念研究生了；我念研究生的时候，所有人都以为我已经是助教或者讲师了。我永远比我的年龄看起来要老气得多，我是一个极其老气横秋的人。但是我们也不用那么悲观，因为像我们这种类型的人40岁以后容貌就很难改变了，所以我50岁的时候看起来跟40多岁的时候并没有太大的差别。

　　有的人是年轻的时候比较漂亮，有的人是老了的时候比较漂亮，我们面对的就是早漂亮和晚漂亮的问题，不用担心。可能像我们这种人，年轻的时候比较郁闷一点，老的时候就快乐一点。

一个端庄的女人不会引起非议

　　女人的美丽即使结了婚也不能放弃。但是中国是一个比较传统的国家，有的时候打扮得过度会招来一些流言飞语。有一些女人就觉得很不公平，认为虽然她结婚了，但是平时或者周末约一些姐妹，穿得很漂亮去参加派对，难道这也有错吗？难道女人结了婚就一定要变成黄脸婆吗？为什么女人的这些行为会造成家里面有些人

生为女人，成为女人

的不理解和误会？

　　我当然觉得女人结了婚以后还是要维持自己的美丽，跟自己的闺蜜穿得漂漂亮亮地出去，喝喝咖啡，聊聊天，这是必需的，女人一定要有女朋友。至于家里的人会非议这件事情，你得看是谁非议。如果是先生非议，那就表示你有可能打扮过度了，你是不是出去的时候袒胸露背或者是怎么样了。如果是你的婆婆非议，那你必须要你的婆婆完全理解你还是一个很贤惠很守妇道的女人。至于除此之外其他人的非议，比如邻居、七大姑八大姨的，那就不关你什么事了，你就当做没听见算了。

　　重要的是，我们得谨守分寸。在出门之前，首先要检查我们的打扮是不是够端庄，我们是不是一个很端庄的女人，这个是非常重要的。"端庄"这两个字并不仅仅指的是我们在衣着上面的修饰，还包含我们在心理上、情绪上是不是端庄。一个端庄的女人是不会引起别人的非议的，除非我们不够端庄。

男人一生所
偏爱的女人

请忘掉你是一个优秀的女人

想找到优秀的伴侣，首先要成为一个优秀的人。然而一个非常优秀的女人又会让她身边的男人们觉得有压力而不敢靠近，该怎么办？

如果一个女人优秀到男人不敢跟她在一起的话，那就表示她不够优秀。因为我们常常以为自己的工作很棒，能力很强，长得很漂亮，能赚很多钱，这些就是优秀，但其实不是。一个优秀的女人，是你拥有那么多优秀的东西，但你仍然是一个特别柔软、特别温柔，别人特别愿意跟你待在一块儿的人。

没有一个男人会因为你优秀而不喜欢你，而是因为你急着告诉别人你很优秀，却忘记了怎么跟别人相处。别人会说，好吧，你确实很优秀，但是你不适合他，你们没办法在一起。

并不是说我们的职位有多高、能赚很多钱，就意味着优秀，绝对不是的。其实我常说，为什么这个世界上有男人跟女人，为什么会有两性？我们姑且说是上帝创造人类好了，我们姑且说人是被创造的。但是为什么要有男人和女人之分？除了我们的生理器官不同之外，我们也承担着不同的角色。如果女人跟男人一样，男人跟女人一样，那根本不需要区分性别，只要有人就行了。

女人本来所承担的功能，我们的角色，我们所表现出来的东

西，或者说我们在情感关系当中要扮演的角色跟男人是不同的，所以不要做一个性别感特别淡的女人，看不出来与男人之间的差异。如果让我帮这些优秀的女人杀出一条血路，即使你很优秀，也想找到一个爱你的人，我的建议是，忘记你是一个优秀的女人，只记得你是一个女人。

独舞的力量

我曾经在某个充满结婚气氛的6月写下了《在爱里接纳不公平》一文，鼓吹现代女性要学会拥有温柔可人的气质。之后的几年里，我又在不同的场合继续鼓吹这种主张，结果现在只要有人问到两性的话题，总免不了要问我温柔的女人应该具备哪些气质，怎样才能变成温柔的女人。

我的回答是，温柔的女人要有非常强大的内在，要特别相信自己。在我的书里有一篇文章一直不断地被转载，就是一个女孩要学会独舞，一定要爱上独舞的乐趣，也就是说，当你还没有嫁人的时候，还没有找到人生伴侣的时候，你能做一个即使自己独处也能快乐的女人。即使是孤单一个人，也不需要别人同情自己是寂寞的、没人要的女人，相反，你能够时刻拥有晴朗的心情，向人们展示阳光般的笑脸。

有伴侣的女人，也要学会独舞。我们要做一个温柔的小女人，但是温柔不等于依赖。如果我们依赖我们的先生，你要知道，永远有一个人压在他的肩上，他会觉得非常辛苦。他会觉得这段关系是由他来主宰的，所以有一天他也许会背叛我们，可能做出一些伤害我们的事情。但是如果你拥有独舞的能力，他就会懂得收敛。

我们得散发出那种特质，外表是十分温柔的，但内在是十分坚强的，是一个外柔内刚的女孩子，这种品质是男人的致命伤，他得作出决定他要不要伤害我们，他能不能冒这样的风险，而不是你每天查他的手机，每天跟在他后面，测试他爱不爱你。其实，你只需要设出一条底线，让他很清楚地知道如果他敢跨过这条底线，对不起，他就会失去你，那么他还要不要冒着失去你的风险？如果他觉得你是无价之宝，自然不会冒这样的风险，他就会知道哪些事情可以做，哪些事情不可以做。问题的关键就在于，你真的相信你是可以独舞的，你拥有独舞的力量，进可攻退可守，什么都不害怕，那你就可以是一个温柔的女人了。

女人最傻的就是挑战婆婆

跟婆婆之间的矛盾，是女孩在婚后生活中比较头疼的事。

很多女孩都会说，自己跟公婆的关系不好，经常吵架，也不能住在一起，因为婆婆是一个很刁钻的女人，看她不顺眼，处处挑她的不是。她发现这样的关系很影响跟老公之间的感情，但那是他的妈妈，应该怎么办？

我的至理名言是，你一定要退让。倒不是因为我有一个儿子的关系，而是因为我也有婆婆，我也一直在身体力行这件事情。我们千万要记住一件事情，谁你都可以挑战，但是你绝不能挑战他的父母，尤其是他的母亲。当一个男人真正被你逼到墙角的时候，他一定要在他的母亲和他的太太之间作选择的时候，他一定会选择他的母亲。所以，一个女人最傻的就是挑战婆婆。

这等于先救妈妈还是先救太太的问题。你去问一个男人，两个人都掉进水里面你先救谁。我觉得这个问题好残忍。因为他如果告诉你，他会先救你而不救自己的妈妈，这样的人也太恐怖了，还能嫁吗？但如果他说他先救妈妈不救你，那他这辈子都别想好过了，你永远会跟他不依不饶。

这是一个很愚蠢的问题，因为矛盾即使发生也还会有其他解决的办法。所以我会建议女孩子在面对自己的公婆，尤其是新公婆的时候，千万不要去挑战。在这一点上，我可以跟大家分享一下我自己的经验。

我没有跟婆婆住在一起，因为我大部分时间都留在北京，她不太习惯，就一直留在台湾。但是每次我和我先生回台湾的时候，都会把婆婆接过来住几天。在这几天里，我天天在家拖地，只要一睁开眼睛，我就在婆婆面前转，拖地、擦桌子，做很多的家务。其实我在北京是从来不做家务的，但是我要表现给我婆婆看。我都已经跟我先生结婚快30年了，这个表现的目的，是要让我婆婆知道，这个媳妇是很勤俭的。

我也绝不会让我先生在婆婆面前故意照顾我，喂我吃东西，或者我娇气得不行，要趴在先生的身上。因为如果你那样，你婆婆会疯掉的。这个儿子是她拉扯长大的，现在这个宝贝儿子娶了你，被你弄得做牛做马，她的心里肯定是接受不了的。有些年轻的女孩会跟婆婆战争，跟婆婆比较到底谁比较得宠。我觉得这太傻了，当然你比较得宠，因为你是他老婆。但是在大面上，在礼节上，她是长辈。你得让她知道你没有夺走她的儿子，才会相安无事。

我知道在很多事情上婆婆会有一些问题，但很多时候婆媳问题之所以会愈演愈烈，关系变得越来越僵，是因为年轻人不够懂事。你不用吃饭的时候一定要挂在你先生的身上；在客厅里看电视，那么大的沙发你不坐，非要坐在先生的腿上。

对婆婆要尊重，这种尊重不仅仅是要对她好，对她有礼貌，还要在她面前把握一个度。你所有的亲密动作，所有的任性，回到自己的房间以后，你爱怎么样就怎么样，但是在婆婆面前，一定要表现得知书达理、特懂得照顾你先生，你婆婆才会对你很好，你先生也会打心里感激你。

先有性？先有爱？

先有性还是先有爱这个话题，有点像鸡生蛋或者蛋生鸡一样。我必须坦率地说，人对于性的观念或者认识，跟他所处的群体肯定是有关系的。比如你工作所处的群体，你所有的同伴或者好朋友，大家都觉得性是爱的最初表现，那你有可能会觉得先有性，才能体现爱。但是如果你所在的群体，大家都更重视爱的话，你就会觉得人要有爱才会有性，所以这个没有什么标准答案。

对于年轻的朋友来说，当你觉得你需要性的时候，一定要注意安全，要保护自己，得掌握一些安全措施，知道要怎样预防一些

男人一生所偏爱的女人

身体的疾病，不要带来你不能承受的后果。至于这个性当中有没有爱，或者先有爱还是先有性，自己决定。

我特别不喜欢给年轻人戴一顶大帽子，或者条条框框说得特别清楚。因为我自己也有一个27岁的儿子，他接受的是西方教育，同时也受到了现代社会开放性的影响，他的思想会跟我的思想有很大的差异，所以跟他相处的时候我会知道，不能拿我这么老古板的思想去强加给年轻人。

有一天，我儿子跟我先生说，你们那个年代，牵了手就不得了了。就这么一句话，我觉得我们那个时代跟现在有太大的不同了。我记得我念大学的时候，跟我先生确定恋爱关系以后，我们终于有了第一次的亲吻。当时我几乎想要跳楼自杀，我就觉得完了，我这个人已经不清白了。这件事情讲给现在的年轻人听，他们就会觉得笑死人了。两个都已经确定了关系的人，被亲过以后你还会觉得自己有一种被玷污的感觉，特别可笑。

我念高一的时候更可笑。我念的是高雄女中，附近还有一所高雄中学，都是高雄的重点中学。因为都要坐公交车去上学，男生女生经常会碰到一起。但是如果有一个男生坐过这个椅子，女生要坐的话一定会拼命地拍，把它拍凉了为止。因为当时在我们的思想里，如果男生坐过的椅子还是热的，女生坐上去就会怀上他的孩子。

我念高中的时候，还是对两性关系没有任何的了解，但是现在

的话，肯定会不一样。所以说父母这一代或者年纪大一点的人，对于年轻人的性的观念或者爱的观念，可以稍微地放轻松一点，他已经不是我们那个年代的人，我们也不能按照自己的思想完全限制他。

但是，一定要懂得保护自己，会不会怀孕、有没有艾滋的问题，等等，这些是最重要的。

女孩子要学会见好就收

很多家长会问我，孩子不好好吃饭，每次吃饭大人都要在后面追，一碗饭可能要3小时才能吃得完，怎么办？我的建议是，你就告诉他我们吃饭的时间只有1小时，大人都吃完以后再多给你20分钟，如果你还吃不完，那对不起，收筷子了，没饭吃了。你吃不饱，就饿着吧，反正饿两顿三顿也饿不死人，对小孩子来说一点影响都没有。然后你再看看，饿他三顿以后，他第四顿会不会好好吃饭？他一定会在1小时内把饭吃完的。

有时，对于那种特别骄纵任性的女朋友，我觉得也可以使用这样的方法，"饿她两天不吃饭"。女孩是这样的，我以前也会犯这样的错误。因为她非常需要知道对方仍然是爱她的，在男友的心目中自己是最重要的，所以她会不断地用一些方法来证明。她会开始任性，使小性子。在她使了小性子、任性了以后，男生回来求她或者是来跟她道歉，她就OK，因为她确定了他是爱她的。但是这种感觉很快就会过去了，所以过个两三天她还得再证明一次。她会越玩越猛，要求也越来越高，乐此不疲，越玩越开心，所以这个男人就会特惨。如果有一天，这个男朋友决定不再陪她玩了，突然消失三天，你猜猜看会发生什么事情。你会发现，虽然下一次她还会继续任性，但她任性的强度会逐渐减弱。

所以，一定要把这个怪圈打破，要不然她会一直胡闹下去。有一天你真的娶了她，你会发现有更多的矛盾出现。因为结了婚以后，对男人来讲，他已经算是功德圆满了，所以他没有那么多时间再去跟你玩这个任性的游戏，这时候太太就会觉得自己特别惨——还没结婚的时候，你对我那么百依百顺，现在你娶到手了，就不在乎我了。很多婚姻问题就会从这个地方开始。

这是我个人的生活经验。我跟我先生交往的时候，动不动就说我们分手，然后我先生就不说话了。我知道他第二天还会乖乖地出现，所以我总说我们分手，但其实我的内心是不想分手的，我只是想通过提出分手来得到自己想要的好处。

有一天我先生跟我讲，那时候他还是我的男朋友。他说如果你再说一次我们分手，那么我们就真正的分手。我没有捕捉到这个信号，有一天我们产生了一点小摩擦以后，我仍然说出了分手。他马上说，好，我们分手，然后在以后的一年时间里他再也不见我了。一年多的时间里，他不接我电话，不回我的信，我到他楼底下去找他，他也不开门，就好像是人间蒸发了一样，一次都没有出现在我的面前。我得到了这个教训，就是女孩一定要见好就收。

后来还好，我先生还是回来了，我们俩现在也还挺好的，但是那个教训让我知道，你不能走得太远。如果试探过了，走得太远的话，最后弹回来，受伤的是我们自己。男人一旦决定要分手的时候，他们不会像我们那样拖泥带水的，他们真的会头也不回地就走了。

给女人一个美好的婚礼

我认识一个温柔美丽的女孩，一直希望跟她交往了很多年的男友能够给她一个浪漫的婚礼。有一天，他终于开口向她求婚了，但没有电影情节里的浪漫烛光，也没有单膝下跪，没有玫瑰花，也没有求婚戒指，只是就事论事地告诉她，家里的父母都很为他们的婚事着急，希望他们能尽快结婚。但是因为还在供房子，家里没有多余的钱举办隆重的婚礼，他希望能够把那些过程取消，只是领一张结婚证，给她一个名分，就算把这个婚给结了。

　　当晚，女孩哭倒在我家的客厅里，说不上来为什么悲伤，也挑不出她心爱男人的错误，只是觉得心里委屈，委屈自己所有珍藏于内心深处的少女情怀，委屈自己曾经对于婚礼寄托的那些浪漫遐思。就这样了吗？别人的婚礼都是鞭炮声惊天动地，祝福声不绝于耳，而她就要这么灰溜溜地嫁了吗？

　　挣扎了许久，她还是跟那个男人领了结婚证。生活很快步入了正轨，但是她眼睛里有一束小小的火焰逐渐暗淡了……

　　你熟悉这个场景吗？我相信是的。每个女孩的心底都珍藏着一座玫瑰花园，都憧憬着一场浪漫的婚礼。所以，如果一个男人是真心爱着这个女孩，就一定要给她一个美好的婚礼。这个美好不一定是奢华的，它可以是小小的，也可以是一个宏大的，完全量力而为，但它必须是一个美好的婚礼。因为一个女孩子，自从她懂事开始，婚礼就已经成了她梦想中的一部分。千万不要对女孩说，我们不要办婚礼了，你不要穿婚纱了，我们把这个钱省下来买房子或者做其他的。我没有女儿，如果我有女儿我绝对不赞成，我觉得她必须要穿上白纱，必须要有一个小小的仪式，因为这意味着她走到另外一个阶段，是幻想浪漫当中的一部分。

现在很多＂80后＂说裸婚，可能没有钻戒、没有婚礼、没有蜜月，甚至什么都没有。我觉得可以没有钻戒、可以没有蜜月，如果真的出不起钱去蜜月，你干吗要去蜜月，不能借钱去蜜月。但是，你得有一个可值得回忆的东西，在老的时候或者婚姻产生危机的时候，两个人可以坐在一起，或者你自己可以冥想一下、想象一下。那些可以回忆的画面一定要有。

男人偏爱哪种女人

在我上节目以前，优米网做过一个调查，说有三种女人是男人偏爱的，第一种是美女，第二种是淑女，第三种是才女。美女，无可厚非，男人可能都喜欢长得漂亮有气质的女孩子。但是随着年龄的增长，可能到了他们结婚的时候，发现淑女也很好，可以上得厅堂下得厨房。再到晚年的时候，发现美与不美，能不能上得厅堂已经不重要了，最重要的是能够陪伴着他，两个人之间聊聊天，有心灵上的互动，这个时候可能喜欢的是才女。

我不知道这个调查的数据是多少，也不知道他们的有效样本有

多少，但是我觉得这个样本不会很多，因为它会让女人陷入到一个错误的思维里面，以为我们老了就不可以美了。这是错误的。

老了才需要更美。只不过当我们老了的时候，你需要用不同的方式来展现自己的美。常常是因为我们觉得自己老了，不美了，问题才会出现了的。我们会自己慌了，对自己没有信心，觉得他一定外面有人了。因为你看自己都成这个样子了，他可能看上更年轻的了。然后会给自己预设立场，变得更小心谨慎，会捕风捉影，觉得自己要失去这场婚姻了。他根本没有做的事情你都认为他做了，所以，你就把自己弄得越来越难堪，越来越糟糕。然后你老公心里就会想，就凭你，也就跟我凑合了，他就会对你越来越不在乎了。很多时候，婚姻问题就是这么出现的。

最近我接受了一个采访，记者问我，金老师，如果一个20岁的女孩是100分的话，那么30岁、40岁、50岁的女人都是多少分？我说当然都是100分了，你以为50岁的女人就只有50分吗？大错特错，我觉得还是100分。当然你不能跟20岁的女孩去比较，得跟同龄的人比较。你得与时俱进，在你自己的年龄层里，表现出100分的样子。所以，美是永远都要保持的，只不过那个美我们要有一些其他的定义。

至于淑女，很多人给它的定义是贤惠的特质。可是女人并不必然需要贤惠。因为贤惠就是你要出得厅堂，入得厨房。女人不需要给自己这么多的枷锁。我倒觉得最受男人偏爱的，应该是温柔的女子。这种温柔是要一以贯之的。很多人误解，男人喜欢的温柔就是那种永远白痴的温柔，先生回来了就要马上跑过去迎接，嗲声嗲气地问好。不是这样的。

真正的温柔是你懂得如何去保护他，让他不受到伤害。一个温柔的人，一定得有非常强大的内在。因为你敢这么柔软地对别人，是因为你不会被伤害，你懂得自己是有价值的，只有拥有很强大的内在，你才敢于温柔。你特别相信自己，但是不会给自己戴上盔甲，反而愿意温柔地对待身边的人，这样的女人，才是男人最偏爱的女人。

男人不需要红颜知己

我对红颜知己的了解，源自于新近看过的一篇文章，上面说一个男人一生当中可能会有四个女人，第一个是他的妈妈，第二个是他的初恋，第三个是他的妻子，当然妻子很有可能是初恋，最后一个可能是他的红颜知己。

妈妈当然是很重要的，如果没有妈妈就没有这个男生。如果很幸运的话，初恋是他的太太，这是一件很幸福的事情。所以我可以接受妈妈、初恋还有他的妻子，但是红颜知己我不觉得这是必需的。

可能很多男性朋友会讲，他的老婆不了解他，不知道他在想什么，有时候他会需要一个异性的知己去沟通，去跟她讲他的心里话。女人也会说，先生并不了解她，所以她可能会需要有闺蜜来了解她，或者是需要一个蓝颜知己。这是婚姻当中的一个很重要的问题。

曾经在一次演讲的过程中，我遇到过一个女人，大概40多岁，她问了我一个特别敏感的话题。她说："假如我老公出轨，什么样的出轨是我可以接受的，我可以接纳他回来，什么样的情形是我不能接纳他回来的？"我说，这个标准是因人而异的，因为每个人的价值观都是不一样的。有的女人可能觉得老公任何身体的出轨都是她不能忍受的，不管那个对象是谁、是出于什么原因，她都不能忍受。

可是有的女人觉得身体的出轨，尤其是那种一不小心失足了、一时糊涂了造成的事情，她觉得那不是非常重要的，她更在乎精神。他精神上的出轨，他出轨的那个人也许跟他之间并没有任何性或者身体的关系，但是他和那个人分享所有他精神层面的东西，他的心理感受、他的感动、他的快乐都愿意跟那个人分享，而不愿意跟太太分享，虽然他在身休上面从来没有出轨，但这是对一个太太更大的羞辱。

其实，先生说太太不了解我，所以我需要一个红颜知己，这对太太来讲，是更让人难过的事情。其实我不太愿意把这个问题放在太太不了解先生，也有可能先生不了解太太，这其实是婚姻会碰到问题的症结所在。我们曾经会分享很多很多的东西，但是因为我们拥有彼此了，拥有了之后，我们害怕再失去，所以在相处的过程中会变得小心翼翼，会选择什么话是你该说的，什么话是你不该说的，你只选择他喜欢听的话说给他听，这就是问题的开始了。

有时候，我们的沟通原本是出于好意，就是他不想失去你，只说你喜欢听的话给你听，所以他越来越不敢说真话。他跟另外一个人在一起的时候反而觉得很自由，因为反正他们之间并没有亲密的关系，他们之间也没有你属于我、我属于你的关系，也不存在失去，说话可能也会更自由。但是事情往往就是，两个人说着说着就变成了红颜知己或者是蓝颜知己了。不管是男人还是女人，这都是要留意的事情。

九十九步的距离，一步的坚持

爱情是很多冒险追求事业的男性无可避免的"软肋"。我见过太多的男孩，已经走到了爱情的边缘，差一点就得到了女生的点头，那一段感情就可以得到完美了，但是因为胆怯，他亲手扼杀了自己的爱情。

有一位男孩对我说，他喜欢一个女孩子10年了，从开始单纯的喜欢到最后不求结果，只想看她快乐，中间经历了很多波折。经过这么长的时间，他慢慢发现，越是想要放弃、越想要忘记就越是做不到。可是他们俩之间的距离太远，她可有可无的态度让他觉得始终是一头热。他知道没有结果，但是他宁可等到她嫁人。说自己完全不在乎是假的，他的心里其实很苦，可是如果说他们之间的距离有一百步，他已经走了九十九步，剩下的一步应该交给女孩。他觉得这是对她的尊重，也是对他自己的尊重。

我觉得这个男孩其实想太多了，有时候我们恰恰是因为少走了那一步而错失了爱情。也许他喜欢的那个女孩现在还在想，你到底要不要表示得清楚一点，你到底什么意思，每天对她这么好，送给她一堆东西，还常常默默关心她，你干吗就不明白地告诉她你喜欢她，希望她嫁给你。

其实有时候女生的要求很简单，你就特别大胆地问她就行了，干吗要躲在一边想那么多呢？既然你已经走了九十九步了，最坏的打算你也已经想到了，再退也退不到哪儿去，再糟糕也糟糕不到哪儿去了，所以剩下那一步你再试着跨过去，也许她就在等你说最后那句话，就是你爱她，你希望跟她在一起。

有时候我们会想得太多，美其名曰是尊重对方，实际上是有一点点害怕，怕自己真的跨出第一百步的时候，她不接受，那自己就连做那个梦的机会都没有了。但是，不管是男孩还是女孩，如果你想要跟他在一起，就应该勇敢地告诉他。如果他点头，那就是一个完美的结局；如果他摇头，那就坦然地放下。

宁可把一百步跨出去，也不要只留一步在那里等。因为那一步，其实是留给自己的，是希望还维持那个幻想。特别害怕在说开之后，发现幻想破灭，所以很多人干脆不走出那第一百步。

暧昧，恋爱中最美好的部分

有一个年轻的男孩子跟我说，昨天他好不容易鼓起了勇气向他喜欢的女生要了电话和QQ号，结果那女孩只给了他QQ号，接下来应该怎么跟那个女孩接触，他不知道，他总觉得自己战战兢兢的，也不知道应该怎么把握心态。

女生既然已经给了你QQ号，就表示已经留下了一个线索，那你就可以循着这个QQ号继续以后的发展。女生是这样的，她很享受这个过程。对于一个女孩子来讲，恋爱当中最美好的部分就是暧昧的部分，就是她不确定你对她的感受是怎么样，但是她享受你凝视她的目光，她一回头就能够看见你，诸如此类的，女生会特别享受。

有些女孩为了延长这个暧昧期，可能会给男生设置更多的考验。这个时候你要尽量满足她的这种欲望，跟她多玩这个游戏，在QQ上不断地出现，经常跟她联系和交流，有一天她就会给你她的电话号码了。

如果女孩不喜欢你，或者说对你一点好感都没有，一点机会都不想留给你的话，她根本就不会留QQ号给你。这其实是一个暗示，给男生丢下了一条绳子。女生其实不太愿意直接给电话，她们会认为，直接给的话会显得自己特没价值，所以男生要准备好跟她玩这个游戏。

分清爱情与暧昧

现在的大都市，暧昧多于爱情。比如说很多男士，一相亲完就完全没有消息了，或者这个男士认识某位女士的时候，有一搭没一搭的。身边没有什么女性朋友的时候就会回来找之前那个，等到身边又有女性朋友了，就又抛弃之前那个。总是有这种暧昧的状态发生，这是怎么回事？男人是什么心理呢？

　　男人的心理就是因为我们总是说我们是剩女，所以他觉得不着急。就像是你要去买东西的时候，你发现你喜欢的东西只剩下最后一个了，你当下就要作出决定。但是如果你发现你喜欢的东西还有好多，在那儿堆得满满的，你就会觉得不着急，即使是晚一点来还是买得到的，说不定到时候这件物品还会降价。

　　想让男人对我们认真、负责任，就必须要让他觉得我们很独特，要让他知道，一旦他失去了跟你在一起的机会，就会后悔莫及。所以我们可以先不管男人想什么，首先要让他明确地知道选择你是值得的，你就是一颗珍珠，一颗绝版的珍珠，如果错过去，以后后悔的人就是他自己。

　　如果我们变成那种可有可无的剩女，一大堆人都在那儿等着男人来选择，我们注定就要被暧昧，因为他不着急。就像你打电话去订机位，如果对方说只剩下两个位子了，要订就赶快，你就会立马作决定。但如果对方说位子还挺多的，不着急，你就会慢慢选择，是完全相同的道理。

爱他就试着取悦他

　　我遇到过一个比较极端的问题。一个大学刚刚毕业的女生，爱上了一个比自己大14岁的男人，而且这个男人一心想要自由。这个女生问我，她是应该改造他还是放弃这段感情。

　　面对一个比自己大14岁的男人，对于一个刚刚大学毕业的女生来说，你觉得可以改造得了他吗？你改造不了他。所以你只有两个选择：一是你接受，因为你很爱他，所以你接受他的价值观；二是选择离开，在你还没有陷得那么深、没有那么痛苦的时候，选择放弃这段感情。因为没有任何一个人能够改变另外一个人，即使你比他大14岁你都不能改造他，何况你还是一个孩子。所以，如果你爱他，就接受他的价值观，跟他在一起；如果你接受不了，觉得很难过，就趁你还没有伤得很深的时候选择离开。

　　女生经常会说想要让他变成什么样，甚至经常想去改变对方，这样自己会很累。因为就像他改变不了你一样，你也改变不了他。我们每个人都是独立的人，问题常常就出在你试图要改变他，但是你改变不了他，战争就会出现。

　　但是，爱情或者婚姻美好的地方在哪里？你是一个独立的人，你知道他希望你做出什么样的事情，他希望你成为什么样的一个

人。然后你因为爱他，试着去调整自己来取悦他，你们俩就会越走越近，你们之间的感情也会越来越甜蜜。

这种改变是自愿的，就是你愿意为了对方而去改变自己，不是强迫性的。你是因为爱他，愿意跟他在一起，主动去调整自己，跟他越走越近。你的改变，是为了收获更美的爱情，所以，爱他就试着取悦他。

女人不要过分矫情

很多年轻的女孩跟我说，女人要学会花男人的钱，因为男人在女人的身上投资很多钱的时候，他才会更珍惜这个女人。我不知道她们是从哪儿学来这个观点、怎么形成这个观念的，但是如果我是她们的妈妈，我一定会告诉自己的女儿，你不能在还没有嫁给人家之前就一直花人家的钱，或者拿人家很多东西。

撇开我是心理学家、两性专家的身份，我只是我儿子的母亲，如果我发现我儿子对他某一个女朋友特别大方，总是买东西给她，这个女朋友也一直要求我儿子不断地在她身上花钱，我会很讨厌这个女孩，觉得这个女孩绝对不能娶，如果娶进来了，那将来恐怕会有更多的麻烦。

　　我是站在婆婆的角度去考虑问题，那女孩们可能会说，站在男人的角度会跟我不一样。我曾经听到过这样的比喻：比如你用来喝水的杯子，如果你是花两块钱买的，打碎了你可能不会心疼。但是如果是花了20万去买这个杯子，打碎了你可能会非常心疼。女孩们之所以会想尽一切办法让男人投入，为的就是使自己能够得到珍视。

　　这种说法是不正确的，因为在做这个比喻的时候，我们就已经把自己物化了，就把自己变成是一个可以购买的东西了。女人怎么可以这样自我贬低呢？我们的价值不是用2万或者20万来衡量的，我们的价值远远超过这些东西。而且我们自己也有能力去买一个杯子，不一定非要让男人买才能抬高我们的价值。一旦我们把自己物化了，那是你在羞辱自己。

　　当然，如果这个男人愿意你花他的钱，那就另当别论。有这样一种情形是，这个男人很有钱，他也很愿意在你的身上投入，他会送给你很多礼物，给你很奢华的生活，在他看来，在你身上付出的那些金钱都不算什么，只要你开心他也就满足了，那你就花，不用有任何的顾虑。

　　如果说他很有钱，他要送你一个戒指，这个戒指还蛮漂亮的，有一点点昂贵，那你就开心地去享受他的给予，因为他有这个能力。但是你不能说因为他没有这个能力他就是不对的。不过，女人也不能太矫情，你们俩出去喝咖啡，非得你付你的钱、他付他的钱，或者这一次你付钱，下一次他付钱，那就有点过分了。

男孩交女朋友就是要多一点开销，像看一场电影，吃一顿饭，喝杯咖啡，男孩出钱天经地义。但是你不能说男孩非得给你买这个、买那个才代表他是爱你的，这是另外一回事。

恋爱"强势效应"

精神分析学家弗洛伊德在临终前的最后一句遗言是：女人啊，你到底想要什么！他之所以说这句话，原因就在于女人的伞型思维。女人是很难捉摸的，所以才会说女人是水，你很难去形塑她。但是我们不能说，OK，反正我是女人，就是这样子。如果你由着你的任性磨损爱情，就会为此付出代价。所以，既然我们知道自己的思维方式是这个样子的，当发现自己要稍微走偏的时候，得学会把它拉回来，这才是所有学说的目的。

我觉得我们中国的女孩子太强了，这种强是心理上的好强，总是想要抓住一些东西来证明自己是强的，尤其是对待爱情。我以前有一个助理，她跟我在一起工作只有一个月的时间，但是她第一次跟我出门的时候，给我的印象太深刻了。

我们俩在首都机场等飞机的时候，她一直不断地看手机，每隔30秒钟就要看一次，生怕漏掉任何一条短信或者是电话，但她的电话始终没有响，也没有短信的声音，我看得出来她有一点小沮丧。上飞机的时候，迫于无奈，她把手机关了。下飞机的时候，她第一时间把手机打开，看有没有短信或者电话。凭直觉我知道她跟她先生吵架了，她很期待她先生的短信和电话。

到了晚上吃饭的时候，她先生终于打电话来了。她就说："喂，吃饭呢，好，那就这样，再见。"就把电话挂了。我看着她说："据我观察，你从下午3点钟开始，一直在等他的电话，他终于打电话给你了，你就这么几句把他打发了，你为什么要这样，你不是一直在等他的电话吗？即使是你们吵架了，你也要利用这个机会跟他说几句话，好好地把这件事情解决一下。"她说如果她多说几句话的话，那就表示她输了。

这种场景在生活中应该很常见。很多年轻的女孩都是这样子的，觉得你多说几句话就被他拿住了。年轻的女孩总是喜欢琢磨这种两性关系的处理，在矛盾产生的时候，你经过思考之后再去处理是很应该的，但是我们要把握一个度，不要让这种琢磨的时间太久，磨损掉原本美好的感情。

无须花太多的时间在这些无谓的事情上，你进一步我退后一步，你退后一步我进一步，无须一直不断地证明在爱情当中谁是主导，以至不再有时间享受爱情的甜美了。

女人在跟自己的幻想吵架

婚姻里的争吵，有时候是一件好事。拿我自己为例，前10年里，我就是不敢吵架，所有的东西都特别隐忍，因为我不想危及我的婚姻。但是我发现这样是不对的，慢慢地我开始大声说话了，当然不是像泼妇似的大声说话。我开始说出我自己的想法，发现当我说出来的时候，先生会觉得原来你是这样想的，那我改或者怎么样。你需要让他知道你的想法，有时候话里带着一点点怒气也没关系，争吵并不是一件可怕的事情，可怕的是不争吵，不过争吵的内容很重要。

女人容易犯一个错误，不是跟男人争吵，是跟自己争吵。我曾经说过，男人是左脑思维的人，女人是右脑思维的人，这中间有非常大的区别，男人的思维是区块的，女人的思维是伞型的。

也就是说，男人思考的时候，他左脑的思维在运转，右脑基本上是静止不动的，因为他的脑中隔比较厚，这并不是因为他成长的背景，而是他的生理结构决定的。女人的脑中隔非常薄，所以女人左脑思考的时候，右脑会进来参与意见，右脑思维的时候，左脑也会进来参与意见，这就造成了一个沟通的问题。

举个例子，一个男人最近工作非常忙。以前很忙，完全没有问题，因为他加班是为了还家里的房贷，他太太可以理解。但是最近发生了一件事情，他的单位里来了一个女同事，这个女同事长得特别有气质，特别漂亮，穿衣服也很有品位。这个女同事正好跟先生分在同一个项目里面，他们俩经常在一起加班。问题就出在这个地方了。

以前先生在办公室里加班，太太心里没有任何的想法，但是现在只要先生在办公室里加班，太太脑子里想到的画面就是先生跟女同事一起加班，这个画面就会特别伤害她。以前先生打电话回来说："我今天晚上要加班。"太太会说："你不要太累，早点回家，路上要注意安全。"现在不是，先生打电话回来说要加班，太太脑子里面出现的就是他和女同事两个人一起吃盒饭，在办公室里有说有笑地聊天。她觉得很受伤害，所以语气很冷，说随便，无所谓。

很多时候女人在跟自己生气，跟自己的想象生气。她看见了

男人一生所偏爱的女人

一个画面，这个画面不一定是真实的，但是她感觉到了，所以在跟这个画面吵架，并不是想跟先生吵架。但是先生会云里雾里不知道到底发生什么事情了，前一分钟她还好好的，后两分钟突然就生气了，先生就会觉得你怎么那么难沟通，太太就说，那谁好沟通你就找谁去。

我常常会跟年轻的女孩说，我们可以吵架，可以有争执，但你一定要弄清楚你争执的对象是谁，是你自己的情绪还是你对面的人。如果你争执的对象是你对面的人，你真的听见并且感受到了，这个争执是有价值的。但如果你在跟你自己的想象，跟你脑子里的画面争执，这个争执是没有意义、没有价值的。

爱情世界，退一步海阔天空

前一阵子，有个电台让听众票选最浪漫的情歌，结果以那句"我能想到最浪漫的事，就是和你一起慢慢变老"为结尾的歌以绝对的优势胜出。"和你一起慢慢变老"，对于我们的父辈而言，是再平常不过的事情，怎么到了现代，在年轻人的心目当中，却成了

最浪漫的事了？

父辈的人大多没受过很多教育，没有接受过新潮文化的洗礼，自然头脑当中也没有那么多新潮的矛盾产生。房子的问题，财产公证，七年之痒，他们想都想不到的，却在年轻人这一代身上频繁发生。

有一个年轻的女孩问我，她要跟男朋友结婚了，可是他要做婚前财产公证。这件事情合情合理，但是她心里总有那么一点儿别扭，以后万一离婚，这是不是把财产分割都提前想好了呢？心里扭不过这个劲儿，不知道应该怎么办才好。

这事因人而异。如果对方家财万贯，他想做财产公证是可以理解的，因为一个不小心他就有可能损失掉好几个亿的钱、几百栋房子之类的。但是对于我们这些普通人而言，一对恋爱中的男女，你没有达到标准，而且你们下一步是要开始婚姻、组建家庭的时候，我觉得这种问题不会是最重要的问题。如果我们俩坚定地爱着对方，我们都真心想要跟对方分享我们的下半生，真心愿意永远生活在一起，这个问题就不会跳出来，变得那么重要。只有你不太确定，有一些保留的时候，这个问题才会出来。

爱情已经发展到婚姻的地步了，我们应该更多地考虑最初的感动，而不要太工于心计地把爱情和婚姻当成是可以用计算器丈量的东西。在爱情的世界里，很多时候只要你退一步，事情就能够得到很好的解决，所以我的建议是退一步思考，看看问题到底出在哪儿。

更新爱情，更新最初的感动

最近参加节目，遇到最多的话题是异地恋。

有一位朋友问我，他和他女朋友是大学同学，一直在一起，后来因为工作的关系他出国了，本想接女朋友一起过去，但是她放不下父母和国内的工作，所以他们俩一直处于异地恋的状态。这位朋友很苦恼，担心时间长了感情会变淡，但是又不知道该如何做。

坦白地说，我也经历过跟先生分开生活的时期。可是那段时间我们已经结婚了，并且有了孩子，我们非常清楚地知道这么做对我们的家庭来说是一件非常重要的事情。但是如果两个人还没有结婚，在谈恋爱，就要隔着这么遥远的距离，那么要维系这段感情肯定会有风险。因为爱情是需要不断更新的，你要去更新这段爱情，更新最初的感动，必须要一直持续地让彼此的感动都能够感受得到。

有时候我们可能会太累，今天也许遇到了一件事情让你很感动，或者你有了一些不一样的感受，但是因为太累了，在电话里已经不想说了。有时候你回到家，跟先生面对面都不太想多说，更何况是跟那么遥远的一个人说。

所以，这位朋友有必要跟女朋友坐下来好好谈一谈，尤其在还没有结婚的情况下。即使结婚了这都会是一个风险，毕竟这不是我

男人一生所偏爱的女人

们那个年代了。现在的社会诱惑太多，有时候可能不是你本意想要去接触，但是这种诱惑就是发生了。当你很脆弱的时候，有一个人不停地向你靠近，你想要绝对把持住的话，会是一个挑战。我们尽量不要让挑战太多。

异地恋需要维系

有关异地恋问题的回答，很多人反映说我的态度不是很乐观，对一些异地恋的人产生了很消极的影响。这可能是大家对我的一种误解。我不是说异地恋一定都是不被看好的，只是你需要留意，需要用更多的精力去维系。

我在巴黎的时候，我先生有一段时间在台湾。那时候我们很穷，我在巴黎过得很惨，交了学费以后就没钱吃饭了，一天只有一个干面包，早上吃三分之一，中午吃三分之一，晚上把剩下的吃完。课余，我要帮别人看房子、打扫卫生，才能换来少许的钱，给自己找一个最廉价的住宿的地方。

这么困窘的情况下，我先生每天都打电话给我，我特别心疼电话费，就跟他讲，你不要再打电话给我了，电话费实在是太贵了。我先生就说，你因为心疼钱，就不让我给你打电话，但是如果我真的不再给你打电话的时候，那就是你需要担心的时候了。我听完以后，不再阻止他打电话了，甚至每次只有接到他的电话我才能安心。

异地恋中，你可能会觉得有很大的压力，经济上的、精神上的。昂贵的电话费也许会占你一半的收入甚至更多。有时候你可能很累，不想说话或者很想要抱怨一下，但是你要调整自己，要试着把自己每天发生的开心的事情、让你感动的事情分享给他，这是需要你努力的，因为他不在你身边。

有时候你会觉得很累、很饿，你很想靠在一个人的身上，但是他不在你旁边，那会是一种难忍的失落。你得试着去找一种方法，填补这个失落。当然，如果你能做得到，那么即使是再辛苦的异地恋，对你来说也是没有问题的。

学历差距与爱情沟壑

学历低的男生怎样摆脱自卑感，去追求比自己学历高的女生，请她给一个机会？我在谈论这个话题的时候，有一点小小的犹豫。因为如果一个男孩子的学历只比女孩子低一级，那还OK，但是如果两个人之间确实有一个别人都能看得见的鸿沟的话，这将来会是一个问题。

有两样东西你要消化，一个是男人的自尊，他会一直不断要证明：虽然学历比你低，但是他是有自尊心的。一旦女生在生活上露出了任何蛛丝马迹，被男人捕捉到了，他就会认为女友是在瞧不起他。所以他一直不断证明你必须要瞧得起我，有时候会有一点点过当，情绪上面的过当，有时候会变得有一些焦躁，甚至会有一些暴力行为。

另外一个我们需要考虑的问题就是，对于女孩子来讲，她在心里是否能完全地接受男友学历不如自己。有时候女孩会问我："他的条件不是很好，我要不要在乎他的条件？"我常常回答："是。"当你把他介绍给一堆好朋友的时候，你有没有很骄傲地说"这是我的男朋友"。如果他的各方面条件都足以让你自豪，你可能会这样说，但是如果在某方面有缺憾，你难免会掩饰不住。你可能会说："这是我的男朋友，你别看他个子矮，他很懂得心疼人……"

别人还没有说他个子矮，你就已经此地无银三百两了。你或者说："你们别看他现在在小公司里，他可是很有发展前途的……"

这都是你自己内心的不足造成的，可能别人还没对他这方面产生什么想法，你本身就已经底气不足了。这就有东西需要消化了，否则它对感情会是一个很大的伤害。

所以，在没有给出要在一起的承诺以前，还是需要考虑你们之间的这个沟壑能否跨越。毕竟我们是在父系的社会里面成长，男人的学历比女人高，男人的收入比女人高，这是天经地义的事情。但是反过来，就会有一些东西需要消化，就会在你的心里产生一个结。如果这个结解不开，就会越滚越大，最终影响你们以后的感情。

主导婚姻的直接因素

我们不能说经济基础一点儿都不重要，但是这个经济基础要有一个定义的标准。比如，如果这个男人或者你们家一个月只能赚500块钱的话，跟你们一个月能够赚到5000块钱，在生活质量上面是有本质差异的。但是如果是你们一个月赚1万块钱，跟一个月赚5万块钱，就没有那么大的差异了。所以，我不能说我们从来都不需要注重一个男人的经济基础，因为你要知道，没有经济基础的感情是很难维持下去的，你要考虑你们之间的经济基础是不是足以维持生计，足以让你们很安全地生活下去。

但是如果他能够满足基本需求，还能够容许我们有一点点小小的奢华的话，我觉得达到这个程度，经济需求就不如爱或者是感情来得重要了。这个问题并不是一刀切的，而是要看你是什么样的经济基础，是不是和本质有关系。

分手时请给对方留下尊严

还记得我曾提过的某个西方哲人的祷告词吗？他说：神啊！请赐给我恩慈，让我去接受我不能改变的事情；请赐给我勇气，让我去改变我能改变的事情；请赐给我智慧，让我有能力去分辨它们。

这段话不仅适用于严酷的现实和挑战，也适用于我们面对也许即将倾颓的爱情时的心情和态度。是的，如果爱情遇到困顿，可是我们知道两人最初的爱恋和感动依然存在，那么我们就要勇敢地去改变它，不要计较谁付出的多与少，不要计较谁比较没面子，因为在一段真爱里，只有宽容而没有竞争。可是万一我们遇到的困顿是一方的激情已经消退，甚至爱已不在，那么我们也只能在恩慈里领悟，学会优雅地转身。

爱情是两个人的互动，如果爱已不在，最后抽身的人注定了会痛苦。可是提出分手的人也应该注意，尽量不要给对方过多的伤害。对待一个女孩子，你必须让她知道真相，不用骗她，故意冷淡她或者折磨她，让她被凌迟，让她成为最后知道的人，我觉得这个是不可饶恕的。

如果你曾经爱过她，现在你要跟她分开，我觉得她值得被尊敬。什么是被尊敬？就是你要很坦诚地告诉她真相。我们都说长痛不如短痛，她自己会疗伤。但如果分手的过程当中，她蒙受了很多的羞辱，这种伤害就会变深，所以要成熟一点。

有一个男孩，他想跟女朋友分手是因为有一个算命大师说他们八字不合，他问我是不是应该向女朋友坦白原因。可能很多人都觉得这个理由很荒唐，但是每个人都有他自己的价值观，其他人没有权利批评他不应该认为八字不合就要分手。这是他的价值观，是他的人生，他有权利作选择。但是他要清楚地告诉女朋友："算命先生说我们八字不合，所以我们不能在一起。"她自己会作判断，可能觉得好可惜，我们八字不合，也可能会说，好吧，我们分手。

最佳"孕"情

　　一对年轻的夫妻，刚结婚不久，女生比较感性一些，很想体验当母亲的感觉，所以想尽快要孩子。可是男生觉得自己在事业和心态上还不够成熟，不足以担任一个合格的父亲，而且如果现在要小孩，家里的经济压力会变得特别大。可是如果过一段时间要小孩，女生又觉得过了最佳的生育年龄，这个矛盾怎么解决？

　　这个问题有一个关键点，就是是否过了女生最佳的生育年龄。如果说已经卡在了这个非常现实的关卡上，现在不生育就会影响女生和孩子以后的健康，那当然是必须要考虑要小孩的。可是我遇到更多的情况是，两个人还是可以再等几年的，在这样的条件下，男生的想法会更理性一些，希望能够有一个更成熟的条件，等各方面都准备妥当以后再考虑要小孩。可是女生不会考虑那么多，她是从感性出发的，觉得自己一定要尽快当上母亲。这时候，两个人之间的矛盾就会很难处理。

　　这样的两个人就需要坐下来好好地谈。可以先计算一下两个人加在一起的收入是多少，假设你们有房贷，把所有的花销都扣掉了，你们还能剩下多少。再去计算一下，一个孩子生下来以后，如果不是母乳喂养，他每个月可能需要多少奶粉钱，还有更多其他的

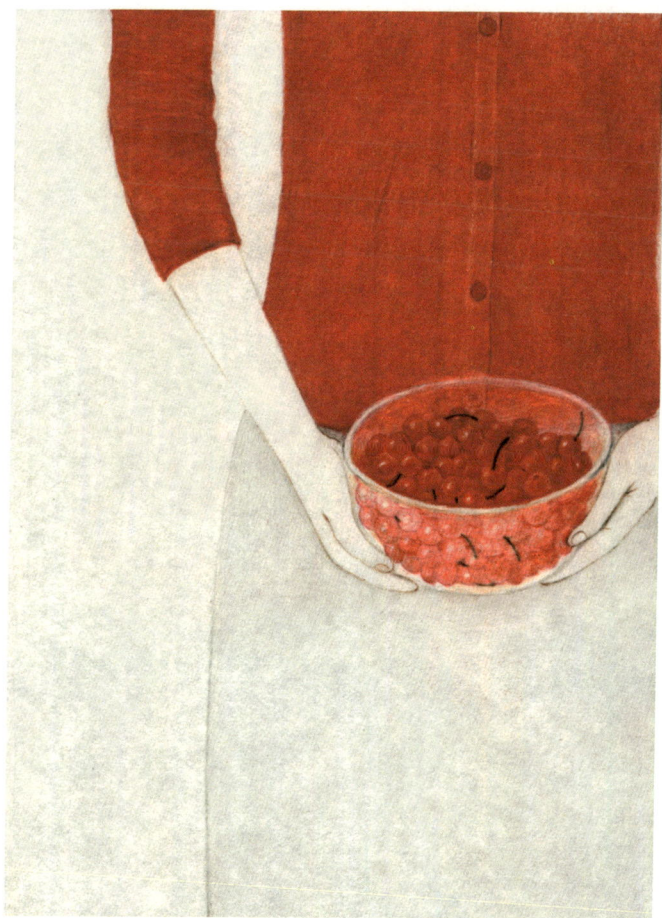

花销，你们有没有这个钱。

两个人不能形而上地讨论问题，必须要坐下来，白纸黑字地，就像在沙盘推演一样，算算你们到底有多少钱，能不能充裕地抚养一个孩子。孩子3岁后，要念幼儿园了，你们能不能交得起费用，每个月2000多块钱的费用会不会超负荷。解决这个争执，最关键的是我们要理性地面对现实，而不是凭感觉去作判断，你感觉怎么样才好，她感觉怎么样做才是爱，这些都不要谈，我们需要做的就是直接面对现实。

"门当户对"也需价值观相符

时代不同了，但是门当户对的观念还在。

这个门当户对并不是指他们家很有钱而你们家没有钱，相对来说比较重要的是你们的成长背景。一个人的成长背景最重要的体现是他的价值观，不同的成长背景或者不同的家庭环境会形成不同的价值观。在婚姻当中，如果两个人的价值观差距很大，会存在很大的危机。

价值观是一个很宽泛的概念，比如你们都在北京长大，在这个地理环境的影响下，你们的人生观和价值观会比较贴近，交流起来会更容易，这就是一种门当户对。如果这个人的家庭对于金钱的态度是非常重视的，而另一个人的家庭对于金钱的态度不是很重视，甚至可能有些轻视，这将来会是一个问题。

选择伴侣，最好不要去挑战太多东西，如果有一个比较相似的背景，比较相似的价值观，将来的婚姻走起来才会更顺利。因为等到你像我一样，结婚30年以后你就会知道价值观有多么重要。不是说恋爱了，结婚了以后，我们俩每天睡醒以后就是你对他笑眯眯，他对你笑眯眯。生活有太多残酷的事情，有太多的现实需要我们去面对，我们每天都在作选择。

我常说，如果你嫁给一个道德标准很高、非常正直、非常清廉的人，你要很有勇气，因为他在保持自己个性的同时，势必会剥夺你很多权利，这个时候作为家属是很辛苦的。如果你跟他没有相同的价值观，恐怕你们就要分道扬镳了，所以价值观真的很重要，它会对你未来的婚姻产生很大的影响，决定你的婚姻生活是否顺利。

爱情最美好的
地方在于想念

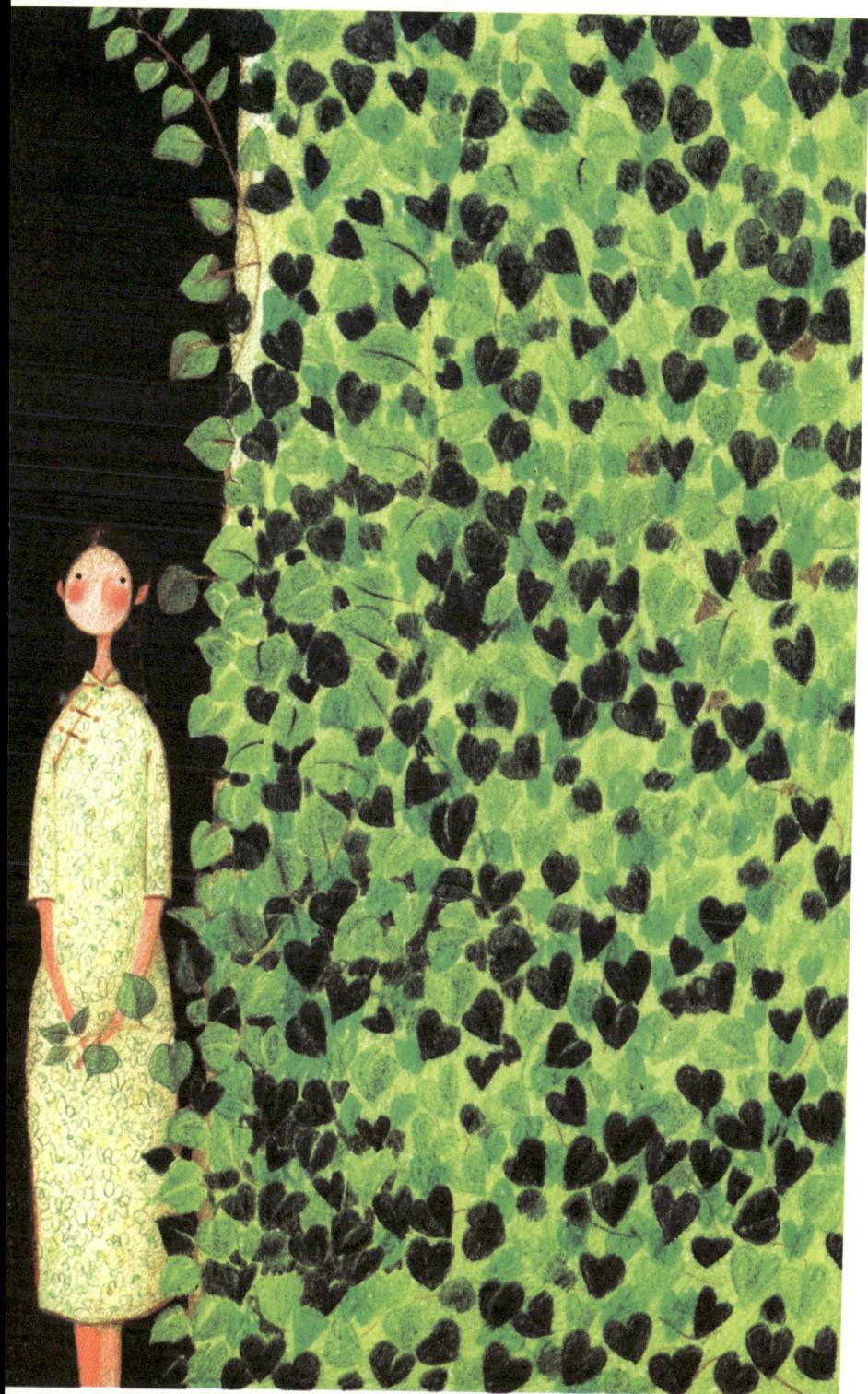

同居与否需要自我风险评估

　　如何看待婚前同居一直是一个比较有争议的话题。我不能说同居是好的，或者同居是坏的，每个人都可以举出很多的理由来支持自己的观点。但我比较担心的是，男人和女人在面对同居时，看法是不一样的。如果说在一件事情当中，男女双方的角度、出发点是不同的，或者说我们对于这件事情的期望是不一样的时候，那就要看哪一方面的伤害会比较大。当你要做这件事情的时候你得评估一下，你有没有可能去化解这个风险，如果这个风险太大了，那你就要考虑一下，你有没有能力去面对这个伤害。

　　女孩子提出同居的时候都有一个前提，就是她爱这个人，打算跟这个人过一辈子。但是一个男人要同居的时候就不一定了，他也许考虑到的问题是，我们这样子会不会更方便一些，更省钱一些？

　　我有一个同学，是一个很优秀的人。原来在台湾的时候，就有很多女孩子追他，但是他都没有答应。后来他去了美国，没多久就结婚了。我们都很惊讶地问他，你为什么这么快就结婚了？他说在纽约租房子实在是太贵了，两个人各租一个房子，不如两个人租一个房子，那样便宜得多。

　　可见，男人在考虑同居这个问题时，并不一定是爱情使然，他有可能是为了某些比较理性的因素，比如说两个人租房子便宜一些，如果不住在一起，他可能每天晚上都要送你回家，每天还得去接你，到了你们家把你安抚好了，你睡了，他还得一个人孤零零地走回家，多累啊，所以我们干脆住在一块。男孩觉得这样子的话，他会方便一些，他不一定是要骗你，但是他对于婚姻的向往如果不是和女孩子同样的比例、同样的强度的话，这个中间是会有一些问题的。

因为两情相悦而同居，不因为结婚才"试婚"

之前我看到一个节目，讲的是男女朋友两个人同居以后，男生移情别恋了。这个女孩就放弃了家乡的工作，放弃了收入，住在这个男孩子上班的公司附近，住了大概两个月，每天都找这个男孩子闹。闹到最后，男孩子的父亲不得不出面，付了9万元的赔偿金给这个女孩，女孩才终止了对男孩的种种报复行为。

男孩工作的城市不是很大，家里也不富裕，9万块钱对他们来说是很重的负担，而且在社会上也引起了不好的影响。到最后记者采访的时候，我记得这个男孩只说了四个字："够了够了。"但是女孩相对来说有一种取得胜利的感觉，因为他们之前签过一个协议，如果他们俩不结婚，先撤离的一方或者说先背叛的一方就要付给对方10万块钱作为赔偿。最后男孩尽管只付了9万块钱，但是女孩得到了钱，觉得自己也算是得到了一种补偿。

看到这种情况，我觉得特别悲凉，因为一场美好的恋情到了最后竟然成为一场战役，这中间有了胜利的人，自然也就有失败的一方。所以我觉得在同居的过程中，受伤害的人不仅仅是女生，男生也有可能成为受害者，尤其是在精神层面。

任何一个男孩子投入一段感情之后，在情绪上或者精神上，都会投入很多的精力。一旦他失恋了，不管他有没有同居，他的情绪上都会有一些抑郁，身体健康方面也会受到情绪的影响。所以一段感情的失败，并不是只有女人会受伤害，男人也会受伤害。

面对同居，我不能说你一定要同居或者不同居，但是如果你要同居的话，我宁愿你是因为两情相悦，你太喜欢他了，很希望跟他在一起，你才选择同居，而不是因为你要结婚了，你得"试婚"才选择同居。我好害怕听到"试婚"这个词，因为如果你说是在试婚，那就表示你对这段婚姻是不信任的，你觉得这个人不一定是合适的，你才想要试试看，看看合不合适。你有可能会"退货"，也有可能"买了"，但是这个前提已经是不对的了。

如果恋爱中的双方决定试婚，两个人都会恐惧。马上会把眼光转到挑剔的角度，你就已经开始看他这个动作适不适合婚姻，他的那个行为适不适合结婚，你的眼里只会看到消极的那些部分。但是如果说你们是两情相悦的，你们爱到一定的地步，非住在一起不可的话，那就好好享受你的同居生活，别把它弄成试婚什么的，也许你的同居会修成正果。即使你们修不成正果，但是已经享受到了那一段美好，还是值得的。不要你既同居了，又没享受到美好，又没结婚，折腾了半天，那真叫吃亏。所以，如果你要同居就好好同居，千万别说试婚。

爱情最美好的地方在于想念

　　我没有女儿，但如果我有女儿，我不希望我的女儿同居。因为爱情最美好的地方就在于想念，我看不见你，但是我感受得到你，我想你。那是多么美好的一件事情，晚上你们在一起吃完晚饭，看完电影，他必须要送你回家。当他把你送回家的时候，你一转身把门关上的那一刹那就已经开始在想他了，那是最美好的部分。

可是，如果说你没有真正地享受这部分，你没有让一个男人开始想念你，没有让一个男人在晚上睡觉前想听听你的声音，看看你的脸，就已经跟他住在一起了。他每天都能看见你，每天都不用费力气地去想念你，这会是一件很遗憾的事情。单纯从女人的角度来讲，我觉得女孩子应该享受这个过程，享受被男人想念、被男人爱怜、被男人渴求的状态。所以如果你现在还没有打算跟他结婚，你不过认识他几个月，就觉得跟他情投意合，立刻跳入同居的事实当中，那么这个过程就没有了，因为你们俩每天都一起回家、一起刷牙、一起上厕所，所有美丽的遐想都没有了，所有爱情最美好、最纤细、最动人的部分都没有了，我觉得好可惜。

有的女生可能会觉得，两个人一起刷牙也是一种浪漫。可是也可以等到结婚以后再一起刷，结婚以后你们会在一起刷一辈子，不用急着现在就在一起刷牙，不用急着你现在在刷牙，可是他在你旁边的厕所里上着大号。

每个人生阶段，都有那个阶段最美好的部分。为什么要让那个部分那么快就没有了？你每天晚上回家，关上房门，两个人在电话里说啊说啊，那是让我们看不见对方、想念对方的一种最棒的相处方式。

同居时女孩不能以"老婆"自居

在选择同居这种方式时，男生和女生的前提可能会不同，彼此的期望值也会不一样。比如说女孩子跟男孩子同居以后，她就已经在心理上假设这个人就是她老公了，老公长、老公短，所以会很掏心掏肺地对这个人。她会开始做一些为人妻的行为，可能包含好的方面，就是特别爱他，特别照顾他，但是也包含不好的方面。比如说你当他是老公的时候，你会把他当成是你的，你是有占有欲的，会觉得自己对他实行管控权是理所应当的。所以你可能不是一个女朋友的角色，而是进入了老婆的角色，是别人妻子的角色。但事实上，你并不是他的妻子。这个时候他可能会觉得，他还没有享受够爱情就被你管了。这个中间的预期心理，对爱情期望的心理，对每个人角色的期望心理会是一个问题。

在你们还处于同居的阶段，如果说你的行为超出了他的预期，或者说跟他对爱情的期望产生了太大的偏差，也许他会不接受，终止你们的关系。但是结婚了以后就会不一样。我不是说结婚了以后老婆就可以管老公、可以完全行使对他的占有权了，而是说结了婚以后老公会比较认了。因为你们已经结婚了，有了结婚证，也请了喜酒，以后还会生孩子，所以他被老婆管着他会认了。

爱情最美好的地方在于想念

可是当你们还没有结婚的时候，他不过是你的男朋友，你们不过是住在一块儿，你就以老婆自居了，有时男人会有逆反心理。当然反之亦然，我并不是说一定都是女人在这件事情上是比较荒唐的，男人有时候也会这样，只是女孩子的比例会较多，因为根据调查，我发现大多数的女孩子都觉得，如果她爱这个男生，打算将来跟他过一辈子，那么是可以跟他同居并且像夫妻一样生活的。但是男人的想法却不同，这是在同居的时候男女之间最容易产生矛盾的根源。

留一份神秘，留一份妩媚

在同居的过程中，女孩子一定要保留自己的那一份神秘感，要维护自己在家里的形象，因为同居毕竟不同于婚姻，你和他毕竟还没有走到那一步。

我不知道你们会不会相信，我到现在为止都不会在我先生面前换衣服，不是因为我害羞或者内向，而是因为我觉得男女之间有一个东西是很美好的，就是那种暧昧的情愫，而不是这么赤裸裸地让你看见我。

结婚后尚且要保留在对方心目中的神秘感，同居的时候更应该注意。因为你们毕竟还没有结婚，你们毕竟不是老夫老妻，你们毕竟还是在恋爱的关系当中，所以一定要保留一些神秘的感觉，别上厕所的时候总是不关门，回到家里以后，你觉得你要干家务活，所以就放任自己穿得邋邋遢遢的。

你能不能想象一下，一个二十五六岁的女孩，把自己打扮得像一个老太婆似的样子。男朋友出去工作的时候，在办公室里面看到的人都是光鲜靓丽的，回到家里的时候，看见你邋邋遢遢的样子，可能你是在为你们的家忙碌，在给他准备好吃的，或者正在做打扫卫生的工作。但是当他看到你撅着屁股在拖地，或者披头散发地在刷牙，那是没有美感的。

所以，同居的时候，你能不能保留一点点属于女性的美丽、妩媚的东西，不要把它当成婚姻生活呢？

婚前性行为 ≠ 同居

在我身边，很多人都觉得同居是一个很宽泛的概念，它延伸的意义很广，其中两个人发生性关系无疑是一个很重要的方面。但是为什么是选择同居而不是结婚呢？这跟当今的社会文化是紧密相关的，如果说我们不倡导婚前发生性关系，那么很多达到适婚年龄的年轻人还没有结婚，但是从人的生理角度来考虑，这似乎又是极其不人性化的，所以人们在看待这个问题的时候，自身都是觉得很矛盾的。

我觉得同居和发生性关系是两件事情。我从来不觉得现在这个社会哪个女孩或者男孩一定要怎样才算是对他将来的配偶公平或者是忠贞的。因为我们都明白，现在社会上所谓的道德标准要比以前宽泛很多。所以在这件事情上，我没有任何想要评论的意图。至于是不是最好在结婚之前保有自己最真挚的、最原始的状态，当然我相信是每个人都希望能达到的，这就是为什么每个女孩子在同居的时候都希望这个人是她将来一辈子的男人，因为毕竟她给他的是她最原始的而且是最真挚的东西，所以我不觉得这个中间有太多的矛盾。

但是我要提醒各位女孩的是，不管你是有了婚前的性行为，还是跟男孩子确立了同居的关系，都要懂得保护自己，千万要做好安全措施。至于说如果同居，发生了关系以后，意外怀了孕应该怎么办，这实在不是任何一个外人有资格评论的一件事情，因为你要不要留住这个孩子，你有没有经济能力留住这个孩子，你的父母亲愿不愿意让你留住这个孩子，都是因人而异的。但是如果说你还没有

爱情最美好的地方在于想念

作好结婚的准备，或者说还没有要孩子的条件，一定要懂得保护自己，将受到伤害的程度降到最低。

没有共同利益的同居索然无味

在这个世界上，不管是哪个国家、哪个民族的婚姻治疗师，都会把婚姻分成几个阶段。我曾经在《女人30+》这本书里提到过婚姻分为7个阶段，在这7个阶段里我们首先会进入激情阶段，这是最美好的蜜月时光，两个人在非常炽热的感情里相许终身，对婚姻和爱情都有最美好的憧憬，即使是对方身上存在一些小的缺点，一些不足，也能在这种高温的爱情中做到宽恕和容忍。

过了激情期以后，就要经过再磨合的阶段，很多人会认为，既然婚姻需要磨合，那我们正好在这个同居时期就磨合，磨合好了以后就顺顺当当进入婚姻。不是这样的，因为你们还没有弄清楚磨合是为了什么作准备。在婚姻关系当中有一个非常重要的因素，叫做共同利益，我们为了共同利益才能继续走下去。

什么叫做共同利益？比如说我们俩结了婚，生了一个小孩，这个小孩能不能快乐地成长，能不能变得很聪明、生活得很健康就是我们的共同利益。我们会为了孩子好好相处下去，度过我们的磨合阶段，因为在我们之间有一份共同的利益在约束。或者说我们买了一个房子，这个房子是我们的共同利益，或者是你的公司、你的事业是我们的共同利益。总而言之会让婚姻继续下去，有一个非常重要的关键点，就是为了共同的利益而待在一块儿，但是偏偏同居可能就缺少了这一块。

如果你只打算同居一年，一年之后你们就结婚，也许没有太大问题。但是如果说你的同居是一个马拉松式的，因为你不敢作承诺，你就只能同居，那么你就会发现，到最后你们的关系会变得索然无味，只是因为要住在一起。

没有共同利益的支撑，这段感情走起来会很辛苦，因为你永远得不断地去制造激情，但是在生活当中，激情是很难存在的，对男人来讲，他的疯恋激素只有6个月，对女人来讲我们再浪漫也只有18个月，18个月之后，你就要面对很现实的东西。这个时候如果有一个共同利益出现，你们才能继续往前走。

婚前生理需求不等同于道德败坏

　　如果说要给婚前同居做一个界定，我的理解是，所谓的"同居"是指两个人已经在实际意义上住在一块儿了。如果你还住在你的公寓，他还住在他的公寓，只不过有时候你在他的公寓里过夜，有时候他也到你的公寓里过夜，这不算是同居，只能说你们有婚前性行为。所谓的"同居"是指两个人所有的家当都放在一块儿了，你们已经实际上像夫妻一样地过日子了，但是你们并没有那一纸婚约，这才是真正意义上的同居。

　　现在的年轻人，如果要同居的话，比较大的可能性是双方都不住在自己的家里，可能两个人的老家都是在外地。比如说两个人在北京工作，两个人的家都离北京比较远，天南一个，海北一个，他们都是只身在北京飘零，那两个人确定关系以后，干脆就住在一块儿，彼此有个照应，这种概率还是比较大的。至于你们为什么会同居，还是精神上的因素在起作用。因为如果你不爱他，你不需要有安全感，你不想常常见到他，你干吗还要跟他同居？所以一定要有情绪上和精神上的依靠，但是我们不能否认同居的条件里包含物质方面的需求。毕竟现在租房子要花很多钱，你打车他打车费用也不便宜，两个人一起吃饭总比分开吃省一些，所以也会有一定的经济

方面的考量。

至于生理需求，我觉得我们不用拿一个很大的道德帽子去扣住，你在婚前如果有生理上的需求不是道德败坏，因为这已经是大家都能够接受的东西了。所以，我没办法把它完全切割开来，说你这个样子就行得通，如果你那个样子就行不通，不能一刀切地下定论。

关键的问题是，你们能不能开花结果，走到婚姻的地步，让两个人都不受到伤害，让两个人都能够得到应有的安慰，有实质性的回报，才是这件事情能不能走下去的最主要的原因。我比较担心的是，女孩子可能会有长远的打算，男人的长远打算相对来说会少一些。如果这个差距很大的话，双方很难避开伤害。

同居不是检验能否结婚的唯一办法

很多人都说同居是检验这个人能否跟你一辈子走下去的唯一方法，我对这种看法是不赞同的。我觉得有很多方式去检验一个人是否值得你跟他过一辈子，我曾经在书里面提到过，比如说你跟他一起出去吃饭，你可以看他是怎么对待服务员的；你们俩一起出去，遇到交通堵塞了，你看他如何处理的；如果前面有人停车了，他会怎么去处理；他怎样对待他的父母亲、怎样对待朋友、怎样处理金钱……有很多细节可以让你看出来他是一个怎样的人，不一定非要跟他生活在一起才能检测出来。

所以，同居是帮助我们拥有美好婚姻的方法之一，但它仅仅是一个方法，不是唯一，也不是首选。你跟一个男生出去，怎么会看不出来他是一个什么性格的人？从他对待无关紧要的人，对待比他地位低一点或者高一点的人都是怎样的态度中，你就可以看出他的价值观，就可以看出他的为人处世，更何况你有时还会背个小包到他家住一两个晚上，那他的一些生活细节你也看得出来，不一定非要同居。所以，如果你想检测一个人，看他对待周围人士的态度和对事情的处理方式就足够了。

当然，如果你对你们俩的这段感情是有一些期望值的，是可以很明确地说的。女孩子有时候会很想试探男生，但是又不敢特别直率地去试探，我可以给你一些小建议，你可以尝试着旁敲侧击地丢出来一个球，比如你可以跟他说，你的哪个同学或者同事要结婚了，看他是什么样的反应。

他跟你的期望值是不是对等，这不是主要的问题，因为这个你们会检测出来的，但是在婚姻当中有一个最基本的元素是无论如何你都不能丢掉的，就是你们俩的价值观是不是一致。他长得高矮、

爱情最美好的地方在于想念

胖瘦，有钱还是没钱，他是什么样的职务，都可以去填平，但有一个东西是不能填平的，就是你们的价值观。这个价值观包含了你们对于生命的看法，还有很多很现实的问题，比如对于钱的价值观，对朋友的价值观。

如果他是一个非常吝啬的人，但是你又是一个特别喜欢花钱的人，你们之间就会有问题。所以，你要看双方的价值观是不是协调的，如果是协调的，很多问题都可以迎刃而解。

女人要对自己负责任

同居的时候，两个人住在一块儿了，可是将来成不成还是一个未知数。那么有一些责任，应该怎么办？比如女生突然怀孕了，是不是男生就一定要跟她结婚，就一定要娶她？

这是我一直都不希望发生的事情。但是如果发生了，比如这两个人都还只有十六七岁，这不是没有可能的事情，两个都是十六七岁的孩子住在了一起，女孩子怀孕了，要生下这个孩子，女孩子可能就要面临学业中断，要面临将来的生活会有一个天翻地覆的改变，她没有办法好好享受大学生活，她念大学的时候同学可以出去玩儿，去派对，去郊游，她可能得回家看孩子了。你要想到，不是每个同居的人怀孕了以后都有非此即彼的选择，你需要评估一下，两害相权取其轻，所以这中间不存在什么责任不责任的问题。

我最害怕听到的一句话就是，一个女人告诉一个男人，你要对我负责。因为当你说"你要对我负责"的时候，就是他不负责任的开始。因为他吓死了，尤其是现在，我们都知道现在的年轻人都是家里的宝贝，不管男孩还是女孩，都是被家里人宠着长大的，向来都是别人替他负责任惯了的。所以如果现在一个女人抓住他讲"你要对我负责"，这个男人心里就会想，天啊，谁该为我负责？这时他就有可能把你推开。

我为什么一再说女人要对自己负责，就是这个原因，不然男孩一定会想："妈妈，你在哪里，怎么办，谁来为我负责？"

不要让是否发生关系成为感情交往的难题

有一个年轻的女孩子问我，如果不跟男朋友发生关系，他就会

爱情最美好的地方在于想念

认为她不爱他，但是如果发生了关系，万一不能走到一起，不能结婚，这样是不是很不值得？

这是一个很原始的问题，也是一个触及核心的问题。我不太想说男孩子要尊重女孩子，她如果不想要，那你也应该不要。我觉得这会是一个诚意过高的要求，因为年轻人在一起的时候，两情相悦，他会有一些生理的冲动，我们是可以理解的。我们不能说他要求你就表示不尊重你，如果他尊重你就不会要求你，这在电影里是可以的，但是在现实生活中，有时候两情相悦确实是很难控制的。

但是从一个女孩子的角度来说，如果你认为自己的完整非常重要的话，那我觉得你要很勇敢地去坚持它。我不是说当你不完整了你就不是一个好女人了，我只是比较担心，如果你坚信自己的完整是非常重要的，有一天当你不完整的时候，你就会变得提心吊胆，你会总是害怕："糟糕了，我已经给他了，我是不完整的人了，将来没有人要我了，只有他能要我，所以我就认定他了。"那你们的关系就会进入很可怕的局面，你就会处在情感上非常弱势的地位。因为你觉得非他不嫁，你觉得自己不是完整的人了。

你的这份担心，可能会让你陷入痛苦当中，有可能会让这段关系无法维系，也可能会让这个男人陷入痛苦当中，所以你自己一定要评估。不要让是否发生关系，成为你们感情是否深刻的标尺。

同居与否，爱情说了算

年轻人是否应该婚前同居，对于这个问题，我没有办法给出是对还是错的答案。我们生活在一个特别自由开放的社会里，开放社会最美好的部分就是它是多元化的，每个人都可以有不同的信仰，不同的观点。

美好的地方在于，如果这是你的信仰，这是你的观点，而对方又很认同你，你们俩可以一同走下去。如果这不是你的观点，你的观点是另外一种，那么你去找一个认同你的，你们俩也可以一起走下去。所以我觉得没有人有权利说怎样才是对的，这完全是在于个人的。

从我的角度来讲，我只希望你在作选择的时候，能够让伤害减少到最低，不仅是对你自己的伤害，也包括你对对方的伤害。一旦我们选择了同居，最重要的就是要以爱作为基础，而且婚姻是我们爱情的一种延续，结婚之后幸福与否，可能更重要的是一种心情。所以，我们无论是选择同居还是选择跟一个人走进婚姻的殿堂，都应该以爱为基础，才能找到属于自己的那一份幸福。

进入婚姻，爱情的名字叫亲情

我特别害怕听到别人说婚姻跟爱情是两回事，婚姻是爱情的坟墓，你只要一进入到婚姻里面爱情就消失了。其实，进入婚姻以后，爱情可以换成另外一个名词出现，那个名词叫做"亲情"，但是这并不代表爱情就消失了。

你们千万不要以为当两个人结婚以后，过了10年、20年，仍然能够像热恋一样彼此握着对方的手，可以含情脉脉地互相看上一辈子。有人能做到这样，但是这毕竟是极少数人，是非常幸运的一部分。大多数的人，走入婚姻以后，他们的爱情会变成更稳定、更坚实，也更好的感情方式，就是亲情。所以结婚以后，爱情变成亲情，爱情并没有消失，亲情和爱情之间是不冲突的，而是一种延续。

就像我跟我先生，我们已经结婚28年了，如果有人说我跟我先生的爱情还是非常炽热的、滚烫的，我觉得那太不现实了，怎么可能？我跟他结婚28年，我们的感情早已经不是"炽热的爱情"了，但是我非常清楚地知道，他是我生命中绝对不能少的人，同时，我也是他生命当中绝对不能少的人，所以任何人伤害他我都会挺身而出，任何人伤害我他也会挺身而出，但是我们俩不是整天爱啊爱的，两个人也都没有冒着火花。我们早就不知道什么叫做爱情了，但彼此间的感情是更深的。

爱情跟婚姻本来就不是对立的。如果你们没有爱情，怎么可能维系一个婚姻？没有爱情的婚姻是无法长久的。当然在我们母亲的年代，我们祖母的年代，可能他们结了婚以后才开始去建立爱情，但是那是那个年代的事情，和我们不同。当今社会，爱情绝对是婚姻的一个基础，而且爱情会是婚姻的一个非常重要的过程，它会慢慢地变成一段特别美的感情。

爱情不能当面包

在婚姻里，大家讨论比较多的是柴米油盐酱醋茶，跟谈恋爱的时候可能会不一样。有一句话是"贫贱夫妻百事哀"，我们都活在现实里，所以没办法摆脱一些现实中的困扰。可能很多人在谈及感情的时候都不愿意谈到金钱，但是金钱恰恰是影响婚姻幸福的重要因素。

这就是为什么我害怕一个18岁的女孩因为怀孕必须要结婚的理由。我觉得你能不能等一等，等你的学业告一段落，等到你有一定经济基础之后再考虑这个问题。生活是很现实的，如果你们俩在一

起，每天都得怕屋顶会漏水，这顿吃完不知道下一顿在哪儿，如果你们生了一个孩子，别人的孩子可以好好上学，你们的孩子却没有条件，你知道那是多大的一个挫败。

因为婚姻当中就是柴米油盐酱醋茶，柴米油盐酱醋茶就是建立在金钱的基础上面。如果每个月你们两个人的收入是500块钱，跟两个人每个月的收入加起来是5000块钱，这是有本质上的差距的。但是如果说你们两个人每个月的收入加起来是5000块钱，跟每个月赚5万块钱，就没有本质上的差距了。因为有5000块钱你才能够安全地活下去，只有500块钱你是活不下去的。有5万块钱跟5000块钱都能活得下去，只是自由度有所不同而已。

所以你要等到有5000块钱那个基础，才能考虑是不是应该结婚，而不能在只有500块钱的时候，你觉得爱情是很伟大的，爱情是可以当面包的，所以你就要不顾一切地结婚，这是不负责任的。

同居的人不用承担婚姻的责任

虽然我一直在鼓吹爱情里最美好的部分就是想念的过程，也一直希望女孩子能延长这个过程，但可能还是会有一部分女孩认为，能够让男孩子想念的过程毕竟是短暂的，可能只占她人生当中的两年，但是如果她不事先跟男孩在一起生活的话，他可能有一些方面是她不了解的，等到结婚以后才发现，才后悔，可能除了离婚之外也没有其他的解决办法。女生离婚了以后，男生愿意找你的愿望就降低了，女生可能会出于这方面的考虑，甘愿抛开那段让男孩子想念的过程而跟他同居。

这种想法我完全可以理解，但是我想说，婚姻一定是经过每个阶段的，即使你们俩已经同居8年甚至10年了，但是同居毕竟是没有责任的，当你收拾包袱走的时候，你没有留下任何痕迹，在你的人生记录上并没有离过婚或者怎么样，所以在心理上是相对轻松的。

一旦结婚了以后，进入到家庭的角色后就不轻松了。因为你要付出的代价太大了，一旦你离婚了，你就要留下记录，这会对你以后的人生产生很大的影响。所以你跟他的关系会变得很正式，很严肃，你们相处的模式也会相应地发生改变。有时候你可能觉得，怎么跟他同居了那么久，但是结婚了以后对他的认识还是要重新开始。你会发觉，在你们俩同居的时候没有什么问题，但是结婚了以后，各种各样的问题都出现了。

我记得在一次节目里，我遇到一个年轻人，他问我为什么他跟他的女朋友同居了11年都相安无事，没有任何问题，但是结婚一年之后就分手了。我觉得这就是责任的问题，因为你要负责任，所以你们之间的互动模式改变了，问题也就随着变多了。

我所谓的责任是说你有承诺了。当你们在同居的时候，你们会有一个前提，就是还没有结婚的契约关系。那么对于一个男人而言，他的心里就会有一种假设："这个女孩不是我太太。"女人的心里也会有这样的一种假设："他不是我先生。"你们俩在法律的责任上、在情感的责任上，都是自由的。即使是在同居的过程当中，有一个人出轨了，你也不能说他有外遇，顶多说他劈腿、不诚实。但是如果说你们有了一纸婚约以后，你就对自己作了承诺，也对对方作了承诺。这个承诺不仅仅是道德上的，还有法律上的，所以你们的位置一下子就变了。

可怕的是，你的位置改变了以后，你已经没有最开始认识他的那种激情，能够帮助你渡过婚姻关系当中很多需要磨合的高高低低，因为那种激情已经因为你们认识得太久而消失了，这就是问题出现的原因。

当然我并不是说同居一定是不可行的，也不是说同居一定会走到什么样的坏结果，我只是希望站在一个长辈的立场，告诉年轻朋友，同居之前，一定要考虑清楚一些事情，要评估一下，你能不能承担得起这些事情。

如何面对劈腿女友

　　我不止一次地说过同居的人很难像夫妻那样履行对彼此的责任，但是依然会有很多人会对〝责任〞这个词感到困惑。有一个年轻的男孩子就问我，如果一个女生愿意跟他同居，那么他就得负责到底，担负一个男人的责任，但是如果这个女生劈腿，他应该怎么办，是继续承担他曾经跟女孩同居的责任，还是可以掉头就走，去找别人。

　　我没办法给出标准答案，因为可能具体的情况会不同。有时候，这个女生既然已经劈腿了，证明她对他们之间的感情没有那么多留恋了，以至于即使是背叛这个男生，可能会因此失去这个男生，她也依然毫不顾忌地这么做了。如果是这样的话，男生就应该选择离开，去找其他更适合自己的人。因为在这种情况下，即使是男孩子想要留下她，她也未必肯留下，而且男生也未必能做到那么大度，说自己面对劈腿之后的女朋友，依然能像当初那么爱她。如果两个人都不能像以前那样面对这份感情了，不如给彼此一个机会，让自己重新找一份真爱，免得到最后两个人都受伤。

　　很多时候，当你心里有了疑问的时候，就已经给自己找到一个很好的答案了，只不过是你自己不愿意面对而已。因为你的心里是最明白的，你对她的爱足不足以重新接纳她。别说同居，在婚姻关系当中，有很多男人或者女人在面对他的配偶出轨之后，仍然选择接纳他回来，因为他自己风险评估过，接受他或者不接受他，自己要损失的东西是什么。当然这个损失并不是说钱而已，也不是只有孩子而已，还有很多感情的投入在里面。所以，这个问题没有标准答案。如果她劈腿了，她愿意回来，那你就要自己评估一下。

女生应该敏感一点

　　女孩子如果想跟男生确立同居关系，你可能需要稍微敏感一点。当你要做这个决定之前，你得先非常明确地知道他是不是也想要做这件事情，但你的确定不是每天都要问他："你是认真的吗？你真的想跟我住在一起吗？"如果你这样问，哪个男生敢说："不，其实我不是真的很想跟你住在一起。"他怎么敢呢？因为他如果说了，就有可能会失去你，所以即使他不想，也只能勉强说："对啊，我也想和你住在一起。"但是任何一个女人都可以感受到其间的不同。

　　女孩子如果敏感一点，总有一些征兆可以判断出这个男生到底是不是真的想跟自己住在一起。你不用那么着急地去找房子，可以让他去找房子。比如说你们俩决定要住在一起了，你就说你最近非常忙，刚接了一个案子或者是工作上分不开身，随便给自己找一个理由，让他去找房子。你看他在做这件事情的时候情绪是怎么样的，如果他特别开心地去找房子，那你就安全一些。

　　很多时候是你在找房子，你把家也布置好了，卧室变成粉红色了，浴室里面又挂了一大堆的小吊件，又是熊又是狗的，你都弄好一个温暖的家了，然后满怀期待地等他进来，这就可能有一个问题。所以，你要测试他一下，看他愿不愿意去找房子，把责任丢给他。如果他真的是特开心地去找房子、去张罗的话，可能他心里是比较乐意做这件事情的。

　　当然，我也不太希望女孩子看了这番话以后，都变得疑神疑鬼的。有时候不仅是女生这样，男生也会一样，只是女生的概率会比较大一点，我们会自欺欺人，会去选择看见我们想看见的，忽略我们不想看见的。也许我们已经从他的身上看到有一些退缩，有一些不乐意，但是我们还是选择相信他是乐意的，我们会只看见他所表现出来的乐意的那一面。所以，我希望当你决定跟一个男孩子同居的时候，要把眼睛擦亮，去看所有你要看到的东西，而不要有意地忽略一些东西。

未婚先孕要慎作决定

在面对婚前同居这个问题的时候，我一直在强调应该注意做好安全措施，但有一些年轻人还是会状况百出。我遇到过一个年轻的女孩，她跟我说，她跟她男朋友是未婚同居的，现在已经有了身孕，快50天了，他们俩商量之后决定结婚，可是公公婆婆对她很冷漠。一方面她很想要这个小孩，另一方面她又担心结婚以后日子会比较难过，所以处在这样一个两难的状态之中。

这个问题是非常敏感的，因为它牵扯到了另外一个小生命。在这个时候任何情感的抚慰都是无济于事的，因为她面临的是非常残酷的选择，到底是要这个孩子还是不要。我会建议这个年轻的女孩子，首先应该安静下来，做个评估，如果你选择留下他，选择结婚，那么你所冒的风险会是什么。如果你决定不要他，暂时不结婚，那么你所承受的风险又是什么。你必须要自己作出决定，而且作了决定以后你一定要勇敢地去承担它，因为两边都不是完美的，都会扣分。

中国有一句话叫两害相权取其轻，当两害都已经发生了，你向左也是害，向右也是害，那就只能是选择比较轻的那条路来走。这件事情如果父母不答应的话，比较大的可能性是两个人年龄还小，

爱情最美好的地方在于想念

如果两个未婚同居的人都已经快30岁了，父母在这个时候可能觉得反正有了孩子，那么就顺理成章地结婚吧。有可能是因为你们的年龄还太小，如果结了婚，生了孩子，会影响你们将来的发展，这可能是父母最担心的问题。

同居不是毙命的问题

我认识一个年轻的女孩子，从小家教就很严，也一直很听爸爸妈妈的话，但是在遇到了一个自己喜欢的男孩子以后，她瞒着父母跟他同居了。可是，在这个过程中，她一直都有一种负罪感。后来，她的父母知道了她同居的事情，虽然没说什么，但是她的心里很过意不去，觉得是自己伤了父母的心，所以主动离开了男孩。在这之后，尽管也有男孩子追她，但她一直都觉得很反感。因为她过不了自己这一关，所以总是拒绝别人。她跟之前的男朋友还保持着联系，但也总是那么不冷不热的。

我不知道她这种状况还会持续多久，但是我很为她担心。因为有的女孩子会认为自己最原始的部分，那一份完整性是非常重要的，一旦失去了这个部分，她就会变成一个不纯洁的人，或者自己就是一个价值比较低的人了。所以我特别希望这部分女孩子能明白，如果这样的问题发生在100年前，它可能会构成很大的一个困扰，因为100年前的社会风气是不允许这样的事情发生的。但是在今天这个社会里，这个问题完全不足以到毙命的地步。所以你千万不要以为自己曾经有过性经验，就会被扣除好多分。

我们从生理学的角度来看，如果把一个曾经有过性经验的女人跟没有过性经验的女人做一个生理解剖，除了处女膜之外，其实没有什么太大的区别。但是对女人自己来讲，可能我们会增添更多的心理上的弱势，会在心理上否定自己，所以起决定性作用的还是你自己。

无论如何，曾经有过性经验这种情况都不应该是阻止你继续往前走的障碍。假设我是这个女孩的母亲，我的女儿跟别人同居过，但是她现在选择分开了，然后好好念书或者好好过日子，我会比任何一个人都高兴，不会不原谅她，会觉得真好，我女儿终于醒过来了。所以不要担心父母对你有什么样的看法，也不要觉得自己是不够资格。但是千万不能明知道他不适合你，只因为曾经跟他住在一起，你就要嫁给他，这是绝对不可以的。

谎言是最大的伤害

如果男生没有同居的愿望，但是女生有，应该怎么办？我觉得作为一个男孩子要很勇敢，因为在决定同不同居的当下，如果你有一些迟疑，或者说你是因为要迁就她而去同居的话，那么你有可能在最后会失去她。女人不怕听见你的真心话，她只害怕你骗她。所以你有什么想法可以试着去跟她说，尽量跟她沟通，会好过你骗她。因为如果你骗她的话，肯定会被她感觉到，那会让她更受伤。

如果你对同居的愿望没有那么强烈，完全可以告诉她，你觉得你们还不适合住在一起，因为如果住在一起你担心你妈妈会对她有什么看法，或者担心你们将来可能更没有办法长久。如果你是非常诚恳的，也许女孩子也会难过，但是难过不会长久。可如果你是骗她的，两个人天天吵架，天天步调不一致，伤害只会更大。

有的男生可能会觉得委屈，觉得他之所以会说一些善意的谎言，就是怕女生会受到伤害。难道自己处处为她着想也有错吗？对于女生来说，谎言是最大的伤害。有时候男生会觉得女生很脆弱，不喜欢听真话，但是女生真的没有男生想象的那么脆弱，女生是非常有自尊的。如果你骗她，或者背着她做什么事情，对她来讲才是一种羞辱。她宁愿你是明着对她，你告诉她你不爱她了，或者是怎

么样，但是你不要骗她，害得她一直掏心掏肺的，自己很享受，但是所有的人都知道你变心了，她最后一个知道，这样的伤害是非常大的。

所以男人需要很勇敢地去承认你要或者不要，这是对女朋友更大的负责。对于男生来讲，你不要太高估自己的能力，认为谎言可以骗得了女生，因为女生都是天生的侦探。同时，也不要太低估女生的能力，她们真的有比较强的抗压能力。

经济问题是同居的不定时炸弹

在同居的过程当中，最容易出现的是经济问题。在这个问题上，我们要非常谨慎。因为同居毕竟不是婚姻，你们毕竟还没有结婚，还没有受到一纸婚约的保护，所以在法律上你将来是追索无据的，你只能用感情来追索你曾经投入了多少钱，他曾经投入了多少钱，这些是不被法律约束的。即使你们俩签了一个意向书，它能否被认定还是有很大疑问的，因为并没有法律强制性的约束。

所以我会建议在同居的时候，可以大家一起看电影、吃饭，买一点小家具，特别普通的小家具，两个人钱一块花没关系，但千万别动脑筋去买一栋房子，或者买一部车。因为即使是结婚，你都不知道这个婚姻能够维系多久，更何况是同居，不要把这个东西变成不定时的炸弹。

一旦你花了一大笔钱买了一栋房子，按揭了以后，交了头期款，这时你的父母知道了，父母知道了以后，你就没好日子过了，你妈可能会一天到晚问你这钱怎么办、以后这个房子是属于谁的，因为每个父母都会特别担心将来这个钱会不会打水漂儿。所以很多时候女孩子或者男孩子都是偷偷地，不让父母知道，认为两个人情比金坚，就买了房子。

男孩子还好一些，但女人这个时候一旦花了一笔钱出去以后，会非常没有安全感，你可能会有一些过激的行为，比方说你开始盯他的时间，会想查看他的手机，想知道他跟谁一起加班。为什么呢？因为你不能做一件"赔了夫人又折兵"的事，你不能人也输了，钱也没了，所以就会变得小心谨慎。更可怕的是，你所有的闺蜜们，你所有的朋友们，都会不断告诉你要小心、这个房子登记的是谁的名字之类的，这就等于你给自己埋下了不定时炸弹。

爱情最美好的地方在于想念

年轻人如何看
上去更有气质

气质是自然流露，不做作

气质是自然而然发生的东西，它不是刻意的。有人会误以为气质就是你坐的时候要很优雅地坐，站的时候也要有一个统一的标准，说话的时候也要规定好怎么说，当你符合全部要求的时候，你才是有气质的。不是这样的，这会显得很做作。其实气质应该是自然流露，你不必刻意一定要怎么做。

我曾经看过一个培训，有一个培训师站在舞台上面，让不同的人拿着东西吃，然后教大家如何有气质地吃。大家坐下来的时候，他也会一直在旁边指指点点，说这样是不对的，那样是不妥的，一定要有一个规范。你就会发现，他教得特别假，学的人也特别假，那样太做作了，不能叫做气质。

气质是一件太自然的事情，你吃的时候完全可以很自然地吃，坐的时候完全可以很自然地坐，当然你不能坐得很难看。你很自然地坐下来，就会让别人觉得很舒服。有时候，我们总去追求一些表象的东西，觉得有气质的人就应该是怎样的。其实，我说话时肢体语言的幅度也是很大的，那我就是一个没有气质的人吗？不是的。不一定你要怎样去摆手、怎样吃东西、怎样做动作才是有气质，气质就是一种自然流露，不做作。

年轻人如何看上去更有气质

气质不等同于礼仪和教养

这个世界上没有所谓的没有气质的人。

气质是可以一直不断地去积累的，是可以去修炼的，只不过这个修炼绝对不是外在的东西，绝对是发自内在的。如果说这个气质是由内而外的，你就不会让别人觉得做作。但是如果你在外在上追求表现，把气质界定为一种很表象的东西，你穿不符合自己人格特质的衣服，化不符合自己特质的妆，走路的样子、吃饭的样子、说话的样子都非常假，那么即使你再努力，也不可能修炼出自己的气质。

很多人会把气质当成是一种礼仪，但礼仪和气质是风马牛不相及的两件事情，就像是礼仪跟教养是完全不同的两件事情。礼仪是你知道见到长辈的时候应该怎么说话，吃饭的时候应该坐在哪个位置，上车的时候应该怎么坐，怎么进出电梯，可能还会要求你在公车上见到老人小孩的时候要让座，等等。它跟教养不同，教养是来自你尊重别人，你尊重你自己。尊重是由内而外自发的，是一种很内在的东西，你不需要别人告诉你要先坐在哪一个位置或者要怎样跟别人说话，但是你自己会自发地很尊重别人。所以，礼仪、教养和气质，完全是不同的东西，我们不能混为一谈。

修炼气质，从眼神开始

　　如果我有一个女儿，我会在她很小的时候，送她去学芭蕾或者学习其他的舞蹈。因为在跳舞的过程当中，需要一个人可以很安静地去感受她的身体。如果她能感受自己的肢体，能够安静下来，那就是一种气质的表现。为什么现在的人觉得有气质好像是蛮难的一件事情，原因就在于我们的生活步调太快了，大家都会觉得慌乱，眼神不安定。

　　作为一个心理治疗师，我的朋友们都觉得我特别厉害的一点就是，我看一个人的时候，很快就会知道这个人是怎么一回事。我并不是因为会算命，而是我会特别注意一个人的眼神，我会去看这个人的眼神是不是很安定。如果一个人的眼神是很安定的，是不慌乱的，不会去刻意躲避什么，他没有很焦躁的感觉的话，你会从他的眼神里看得出来。如果他有一种很安定的眼神，你会觉得他会感染旁边的人，那就是一种内在的气质。所以，我会建议你们，如果你现在要开始修炼自己能否很气定神闲，或者培养所谓的气质的话，除了阅读之外，还有一点，就是在镜子面前看看你自己的眼神，让自己安定下来，让你的眼神很稳，你就会变得很吸引人，很多人会愿意跟你在一起，因为跟你在一起会觉得很舒服，不会觉得心那么慌乱。

　　如果有时候你觉得自己心很慌，当你心很慌的时候，你眼神里传递出来的东西就会让别人觉得心很慌，这时你不妨把眼睛闭上，然后深呼吸，让自己慢慢安静下来。你可以通过一些小练习，让自己的眼神安定下来。有一种方法，叫做闭目入静法，闭目就是闭上眼睛的意思，但不要把眼睛完全闭上，稍微留一个小小的缝儿，你就注意那个小小的缝儿。这个时候你的心完全没有办法注意到其他的地方，只能注意到你的眼神，你的心就会慢慢地安定下来。如果我再稍微自夸一下，很多人见到我，会觉得我是一个能让别人看起来很安定的人，好像见到我就觉得心能够定下来，一个很重要的原因是我试着让我的眼神安定，我整个人的气场不是很浮躁的气场，我让我自己安定下来。我也有很多浮躁的时候，因为我是一个特别害怕迟到的人，所以每次出门的时候都会很慌，在车上的时候，我就感觉自己要迟到了，就会慌张得不得了，每当这时，我会要求我自己安定下来。

　　在生活中，除非是那个人行将就木了，要不然任何人都会有情绪上的起伏。所以只要你觉察到你情绪有起伏了，就开始深呼吸，让自己安静下来，慢慢地，你就能练就自己的眼神，练就你的呼吸，你的磁场、你的气场就会比较稳定，跟你在一起的人就会觉得比较安定。别人就会愿意接近你，愿意跟你在一起，你的人气指数就会比较高。

读书是个涤净的过程

　　我经常告诉大家要多做一些阅读，尤其是那些想要培养气质的年轻人，更要读很多不同类型的书籍。但是有很多人都很无奈地问我，他看过的书也挺多，可是好多都记不住，是记忆力不好还是怎样？其实，我也记不住。如果我们看过的每本书都记得很清楚的话，那就麻烦了，我们会每天晚上睡不着觉，脑子像是要爆炸了一样。

　　读书的目的，不是让我们把每本书的内容都记得清清楚楚的，读书的过程是一个涤净的过程。也许某一个字或者某一句话影响了你，这就是这本书的价值，而不是让我们把这本书里所有的内容都记住，把所有的条目都背下来。

　　读书是一个积累的过程，有很多时候，你可能看过了一本书，但是两年之后或者五年之后再重新读它，感觉可能会像是读一本新书一样，你可能会觉得自己好像是第一次读到它，会有不同的感悟。因为你长大了，经历的事情跟以前不一样了，你的视角也会不一样了，你的触觉也会变得有很多不同。

　　所以，如果你觉得看过一本书后，你记不住它，没有关系，你不需要记住它。当然，如果说你在背英文单词，你需要记住它，但如果只是读一本普通的书，真的没有关系，不用给自己多大的压力。

男人的柔软来自自信

有人说过，40岁之前的面相是父母给的，40岁之后的面相是自己修来的，因为相由心生，这个"修"字包含了很多含义。面相的临界点是不是40岁我不敢说，但是我完全同意相由心生。这个相由心生更多的是体现在你脸上的线条。有时候你会看到一个人脸上的线条是很软的，他可以有皱纹，但是他的线条是很柔软的，你看见他的时候，会觉得这个人是可以亲近的。

有的人脸上的线条很僵硬，那个僵硬来自他长期绷得很紧的情绪。比如说你生气的时候，对自己不是很满意，或者觉得不开心，不能放松自己去享受，等等。这些时候你就会绷得很紧，你脸上的线条就会硬。我特别喜欢太极，因为它表现的就是至柔，它能衍生出至刚。柔真的很重要，尤其对一个女人来讲，你五官可以长得不够好，但是你一定要有一个非常柔软的脸部线条，这会让你看起来比较年轻，比较讨人喜欢，比较有气质。

对于男人来说，也同样需要柔软，但是男人的柔软可能跟女人的不太一样。男人的柔软更多的是来自对自己的信心。一个能够柔软的男人，他之所以敢于柔软，是因为他很相信自己。有的人不敢柔软，是因为他心里害怕，担心他柔软了别人会看不起他，别人就

年轻人如何看上去更有气质

以为他好欺负了，所以他不敢柔软。但是如果你足够自信，相信你有能力，让别人不敢轻易把你看低，你才敢于柔软。

在生活中，不管是女人还是男人，都需要有一种柔软的力量，因为只有你是柔软的，才是别人乐于亲近的。但是我说的女人的柔软，并不是说你随便被你先生暴打三顿的意思，柔软不等于懦弱。

爱上自己，是幸福的开始

现实生活中，很多人看问题，包括看自己，都是比较消极的，在这种情况下，我会建议大家学会爱上自己。注意，我说的是爱上自己，而不是爱自己。爱自己跟爱上自己不一样，爱自己是一些行为，你做一些事情来爱你自己，你给自己买一样东西。爱自己的人会比较自恋，也可能会比较自私，因为他会做好多的事情来对自己好，来溺爱自己。但是爱上自己不会，它是一个很积极的过程，能让你喜欢上你自己。

爱上自己是一件很不容易的事情，尤其是在我们的成长过程当中，我们习惯地被教导我们哪里不够好，很少被别人称赞说你哪里

做得还不错，哪里做得很优秀、棒极了。这是我们的成长经验，受它的影响，我们很难爱上自己，这是一个比较困难的过程。

我可以给大家一个建议。最近我在台湾遇到了一个年纪比我还大的人，他遇到了一些困难，我教他的也是这个方法，据说效果非常好。就是你拿一张白纸，在上面写上你所有的优点，你自认的优点。你要要求自己，必须密密麻麻地把这张白纸完全写满，能写多密就写多密。也许你写到两三行就写不下去了，但还要逼着自己写，一定要把它写出来。你越是从左脑的思维去检视自己有哪些优点的时候，就越可以看见你爱上自己的原因有多少，这是一个训练。

很多时候，如果你坐在一个地方说你要爱上你自己，你有哪些优点，很快地，我们的潜意识就会出来说，不，你这些地方还不够好，你还有什么地方不够好。但是如果你写下来，要求自己一直从这个角度来看自己有哪些好的地方，有哪些值得被别人称赞的理由，你会发现你看自己会越来越透明。这是我在做临床心理治疗的时候，常常带着我的客户做的一件事情，你必须写下来，你才能加深对自己的了解，才能加深对自己的肯定。

我记得我在学习的时候，老师曾经带我们做过一个实验，他对班级里的每个人说："我现在让你们冥想一分钟，你们想象一下，在你的脑子里面勾画出你最崇拜的人，你要看见这个人，然后说出崇拜他的理由，说出他的三个特质。"每个人都说，说完了以后老师告诉我们，你之所以会说出这三个崇拜他的理由，是因为你自己就拥有这些东西。因为如果你没有的话，你就看不见他身上的这些东西。就是那个训练，让我们看见了自己的美好。

很多时候，是我们把自己的美好掩盖住了，所以爱上自己才那么难。但是当你了解到一个真实的自己后，也许你就会情不自禁地爱上自己。

情绪中给自己放纵的空间

人活着，肯定是要有脾气的，你得允许自己有脾气。

我们人的脾气总共有七层，最低的这一层我们称它为die，就是死。这个死并不是说真的死了，而是哀莫大于心死，意思是说这个人对什么事情都已经了无兴趣，他不过就是一具行尸走肉，这是最低的一层。再往上一层，我们称它为无所谓，他也会去做一些事情，也会跟着朋友一起出去唱歌或者逛街，但是他不享受。比如说一起去逛街，他跟着大家每家商店都去了，但是他不试衣服，也不想买，别人试穿的时候让他评价，他也会觉得烦。你会发现，有时

年轻人如何看上去更有气质

候去逛街，你每件衣服都想试，但是有时候你又觉得不想试，虽然你也去逛街了，但是你不享受这个过程。

无所谓再往上一层，我们称它为恐惧，就是很害怕。这个害怕并不是说怕鬼、怕蛇或者怕黑，而是说他害怕自己不配拥有，或者没有能力拥有。比如说，有一个女孩，她交了一个男朋友，他对她特别好，女孩就会开始心慌，觉得自己会不会是太幸福了，会不会有一天他不理她了，太幸福的人会不会更容易遭天谴，等等，她会觉得自己好像没有资格去拥有。这个男生太好了，好到让她不敢相信这段感情会是她的，所以她就要一再地去确认他是她的，害怕总有一天她会失去他。所以在她还没有失去他之前，她甚至会赶快先离开，免得自己会受伤更深。

很多时候我们会发现，这样的人在谈一段很好的恋爱的时候，突然这个恋爱就结束了，你会看见他有一个固定的模式，没有一件事情是完满的，每次都是在事情将要好的时候就终止了。为什么？因为他害怕他不能拥有，所以在还没有拥有之前就先把它破坏掉了，这就是恐惧。

不管是死、无所谓还是恐惧，都是非常消极的，没有任何作为的。恐惧再上一层，也就是第四层，叫angry，就是生气，从这一层开始就有作为了。生气是一种行为，是非常重要的一个临界点。你要允许自己生气，但是不能在这个地方停留太久。要允许自己发出生气的声音，然后才能感受到情绪的更上面的几个层次——有勇气、敢做、做了以后敢负责任。这是我们情绪的七个阶层。但是你不要以为，你应该永远都停留在有勇气、敢做的层面上，不，这样你会生病的。我们一定要允许自己有时候下来，有时候上去。

在美剧《越狱》里面，帅得不行的迈克，就是一个有病的人。他去看精神科医生，医生说他得了一种叫做"英雄综合征"的病，就是他永远把自己放在负责任的阶段。一般的人，如果哥哥被冤枉了，被关到监狱里面，他顶多去找律师，抚养哥哥的儿子，不会有人在自己身上刺青，把自己也关到监牢里头去，所以，这是一种病，是一直停留在负责的阶段。

在生活中，你完全没有必要把自己架得那么高，要允许自己下来，还要允许自己上去。如果你觉得自己很焦虑，或者有一点点的生气，不要总是强迫自己马上安定下来，这样你会生病的。你要看一下自己为什么生气，要允许自己生气，给自己一段时间生气，把这个气发出来以后，你就会开始往上走了。所以，不要要求自己像英雄一样，不要让自己永远都百毒不侵，这是不健康的。

年轻人如何看上去更有气质

二十几岁就要表现得很出格

有一个年轻的女孩问我，她刚刚毕业不久，给人的感觉是很生涩，在职场上很不占优势，怎样培养在职场上的好气质？有些年轻人很向往成熟的气质，我经常被问到这个问题，很多年轻的女人，尤其是那些杂志的编辑、小女孩都会问我："金老师，你说我怎样才能像您这个样子，从容、优雅、有气质？"我每次都要说："打住，你才几岁？"

一个二十几岁的女孩子，就要表现出二十几岁女孩子的天真烂漫，就要去碰、去撞、去跌倒，就是要有一些出格的地方，就是要在说话的时候让别人觉得，你看，多好玩的一个小姑娘。这就是这个年龄应该有的东西，有一天你学会五十几岁女人那样老气横秋的时候，再回头去看，你就会觉得自己错失了大把的时间。

我曾经被问到一个问题，如果你的人生可以重来一次，哪一段时间你愿意重新来过？我不假思索地说是我的高中生涯。我的高中生活过得一塌糊涂，我完全不知道在这三年里我的同学是谁，因为我是极度自卑的女孩子，不跟任何人交往，每天就读好多存在主义的、四书五经之类的书。我读了好多好多的书，但是我完全错失了青春年华的那三年时光，我愿意用任何代价去补回那段时光，但遗憾的是，它永远都不可能回来了。

　　所以，千万不要去期望不属于你这个年龄的东西，在什么样的年龄就要有什么样的气质。一个20岁的女孩子，本来就要说一些很俏皮的话。我记得有一次，在上节目以前，我去理发店洗了洗头。帮我洗头发的女孩，边给我洗头发边跟我聊天。她说，女士，我看您穿的衣服，您选择衣服跟搭配是过关的，我完全没有生气，还觉得挺感激的，因为我过关了。如果换成是年轻人，可能就会说，她是谁啊！她凭什么对我的穿着指指点点的，还作出这样的评价。但是我不会生气，因为这就是这个年龄的女孩子表现出来的东西。

　　如果你要让一个20岁的女孩子像我这样子，那就完蛋了，这个人就没什么好活的了，她有30年的时间白白错过了。所以，千万不要追求不属于你这个年龄阶段的东西，把你这个年龄阶段的东西表现出来就是最好的。

给自己一点溺爱

　　如果你同时面对很多事情，或者要承受很大的压力的时候，难

免会在情绪上表现出来。我遇到过一个年轻人，他说平常工作的时候他对客户和同事的态度都不错，但是当电话量或者工作量较大的时候，他发现他的态度就会比较急躁。出现这种状态，应该怎么调节呢？

我有一种感觉，现在的年轻人要么会对自己特别宽容，要么对自己特别不宽容，太苛刻。因为即使是我，如果今天你让我接800个电话，每个电话里都会有很多抱怨，同时我要处理很多别的事情，你要让我在下午5点的时候，还能气定神闲地接电话，也不是一件容易的事情。所以有时要容许自己稍微出一点格，当然不能太过分，但也不要对自己太过严厉。

我在《女人30+》那本书里面曾经说过，我们要把我们肩膀上的判官拍掉，很多时候，我们对自己的要求过于严厉，过于完美了。如果你发现自己真有这样的情况，稍微留意一下，看它出现的次数会不会太多。如果你发现每天都会出现，原来只有十分之一，现在变成十分之二，慢慢又变成十分之三了，这是一个警示。但如果说有时候，在你忙的时候，偶尔出现一次，比例不高的话，那么对自己宽容一点，因为这也是一个很好的释放。

就像我有时会允许自己大吃大喝一样。虽然我是号称所谓的专家，照理来说应该很懂得养生，不应该大吃大喝，但是如果真的那样子，我会觉得自己命太苦了，所以有时候干脆放任自己大吃一

顿，之后我就知道接下来不能再吃那么多了，我得到了释放。所以有时候，要允许自己被溺爱，被自己溺爱。

放慢自己，顺势而为

日本学者大前研一提出了一个"OFF学"，提倡生活的节奏要慢下来，因为现代人的生活节奏太快了，步调太快了，所以大家都生病了，忘记自己想要什么东西了。放慢自己是一种生活的智慧，所以我在面对年轻人的时候喜欢说一句话，就是顺势而为。我们受过的教育、我们的急迫感以及成功的门太窄，造成了什么样的结果呢？让我们已经养成了一个习惯，就是逆势操作。当这件事情明知不可为的时候，我们仍然要咬着牙明知不可为而为之。这对于我这种有生活经验的人来讲，会觉得特别疼惜。因为当你明知不可为而为之的时候，你会消耗掉很多的能量，你会消耗掉对自己的信心，会消耗掉你对生命的悦纳，会消耗掉很多快乐的事情。

我的一篇文章《优雅的转身》得到了很多读者的共鸣。在那篇文章里，我讲述了一个女孩子不愿意放开一段已逝的爱情而最后

身心俱伤的故事。当曾经的甜蜜已经不再，那个人摆明了说不爱她了，但是她还不依不饶，一定要抓住他不可。到最后，令人惋惜的是，她不仅没有挽救回这段爱情，还遭到了昔日恋人的憎恶，这就是明知不可为而为之。

在生活中，有很多时候，我们知道已经势不可违了，就要学会一件事情，我们要理解生命会有高低起伏，当它走到高潮的时候，我们一定要往上冲。可是当它走到低谷的时候，我们明知不可为的时候，就一定要顺势而为，让自己全身柔软下来，接受走到谷底，然后慢慢地积存一些能量，等到生命的水流开始往上走的时候，我们已经积聚了很多的能量，就可以随着水流一起冲出去。那个时候你就会冲得很漂亮，而且你会喜欢你自己，而不会哀叹生命。

我蛮讨厌堂吉诃德和愚公移山这些故事的，因为它总是给人一些明知不可为而为之的教导。我特别想告诉年轻人，有的时候我们要允许自己松下来、慢下来，但你不能永远慢下来，那就是好吃懒做了。

我一直喜欢不断重复提一首祷告词，就是"给我恩典，让我去接受不能改变的事情"，这就是顺势而为；"给我勇气，让我去改变我能够改变的事情"，最重要的是，我们需要一种智慧，理解这之间有什么样的区别。当你知道一件事情是势不可违的时候，就要学会放手，让它走，让自己安静下来，慢下来，等到需要快的时候你才有能量，才能够往上冲。要不然的话，往上的水流出现的时候，我们已经消耗掉太多能量，已经够不着、抓不住了，或者说我们已经失去享受生命的能力了。

受用终身的OFF学

有些人面对别人的时候会比较紧张，也特别在乎别人的看法，应该怎么克服这种紧张的心理，做到气定神闲呢？

你可以尝试一下"OFF学"。提出这个理论的是日本学者大前研一，他主张让人们出去度假，把工作暂停一下，让自己的生活节奏慢下来。但我的主张是，如果你在一个人际关系的情境当中，比如你在单位里面，或者是你跟你的孩子，跟你的同学或者朋友们在一起等等，这些情境中的任何一个，当下让你觉得很不舒服，或者你觉得特别紧张，你要立刻离开现场。因为如果你仍然留在现场的话，你的情绪还会延续下去，你会更紧张，这种状态会让你觉得自己不行，根本就没有办法应付接下来的情况，你会在心里吓自己，会让自己更紧张。这时候有一个比较好的方法，你赶快找借口离开，比如你要去倒一杯水，或者要上厕所还是去做其他的什么事情，一定要把这个紧张的情绪尽快切断，缓一下，再进来的时候从头开始。要不然的话，你就会进入到一个恶性循环的怪圈里面。

紧张的时候，觉得自己情绪不对的时候，给自己一个缓冲，这不是逃避。你只不过是把自己的情绪先暂时切断，先离开一下，把这个气场改变一下。比如你很生孩子的气，很想打他，但你又舍不得打，你很怕此刻自己会说一些不该说的话，那就赶快离开现场，做做深呼吸，让自己安定下来，再回去的时候你就会发现气场不一样了。要不然的话，你会很难对抗当时的情绪，会一直被情绪拽着走，久而久之，它就会变成一种习惯。

接受别人的赞美

有朋友问：自卑的人如何恢复自信，特别脆弱的人怎样让自己变得坚强，这些问题都不是用一两句话能解释清楚的，我会建议，你要发现自己的优点。当然不是我今天要你发现你自己的优点，你明天就发现了，它需要一个过程。

就从一件非常简单的事说起，它给我留下了特别深刻的印象。我有一个英国老师，他今年应该已经85岁了，我认识他的时候他72岁。他告诉我，你要学会一件事情，当别人赞美你的时候，你一定要欣然地接受赞美。

我们有个习惯，比方说有人夸我的衣服很漂亮，我以前就会说，没有，都是很旧的衣服，穿了很多年了，特别便宜。别人说你长得很漂亮，我们就说没有没有。这是我们中国人的一个习惯，但是我现在不会了。如果别人说我的衣服很好看，我就会说"谢谢你"，我会接受，会悦纳。很多时候，人们会选择说不好看啊，很便宜的。不，你从这一点开始学习，这是在十几年前老师教我的，我也一直在这么做。我发现这对自己真的会有很大的帮助。当别人赞美你的时候，你要非常开心，然后说谢谢，你接受它，你就会发现你开始在积存自己的能量。

面对他人要同理而不能同情

心理咨询师经常会接触到带着负面情绪的患者，需要自身的心理素质非常强。我在年轻的时候，就不是一个很好的心理治疗师，我的工作会影响到我的家庭，只要我看见很可怜的孩子，需要帮助的孩子，他的情况就会给我带来非常大的影响，我会把工作带回家。后来我变成了婚姻治疗师的时候，我看见这些女人不幸的婚姻，就会觉得很害怕，不停地问我先生会不会这样对我。我确实会被我的工作影响，那时候我不是一个很成熟的心理治疗师，所以我选择离开。

如果是一个专业的心理治疗师的话，是可以避免这些问题的，但是那个时候在台湾，我们还没有实行这样的一个制度。在一些心理治疗制度比较成熟的国家，任何一个心理治疗师都有一个导师，当你自己遇到问题的时候，你被你的工作困扰的时候，你要有一个导师来帮助你。那时候没有这样的导师，我遇到的心理治疗师和精神科医生都有问题，有一些精神科医生或者心理治疗师会选择自杀，因为我们排解不了，因为我们每天听到的东西都是太负面的。这也是我选择离开的原因。

我现在能够再重新做的原因，是我已经够老了。我会更宽容地去看这个世界上太多的不公平，会更宽容地去看这个世界的不完美。我知道这些事情会发生，所以我不会一直问为什么。因为，当你年龄够大的时候，你自然就练就了一种本事，你知道生命会有高低起伏，你会懂得如何用太极的方式去把负面的东西化解掉。

所以，我年轻的时候不是一个很优秀的治疗师，但是现在我可以做到很好。在生活中，即使你不是心理治疗师，你也能听到很多的抱怨、很多的负面消息。人们都是在通过这种渠道发泄，所以难免你会听到各种各样的抱怨。我记得有一次我参加一个节目，主持人就问我，金老师，你有没有什么好的方法介绍给普通人，怎么拒绝别人的抱怨。我的回答是：没有办法。

你没有办法拒绝别人的抱怨。如果说我们彼此是朋友，作为朋友，我们本来就是要有一个随时准备倾听的心态。我不能说是责任，也不能说是义务，而是我们本来就要关心我们的朋友，我们本来就要提供一个能够倾听的耳朵，听朋友诉说他的痛苦。可是在我们听完了以后，可以同理但不能同情。

同理跟同情的区别是什么？同情是你看见她在坑里面，你很同情她，所以你也跳下去，你们俩一起待在坑底。同理是什么？你知道她在坑底，然后你丢一条绳子把她拉上来。我年轻的时候就是自己跟别人一起跳下去了，现在我知道我要站在上面。

所以很多时候，在你倾听完了以后，你要告诉自己，不是跟着他一起下去，而是应该让自己在上面，你能不能提供给他什么样的方法，而不是跟他一起在底下抱头痛哭。这个需要一点点地修炼。

气质是读书的积累

当我们在谈年轻人怎么让自己变得更有气质的时候，很多人都提出了疑问，他们可能会觉得气质是上了年纪的人或者有了一段人生经历的人才会由内而外地散发出来的，年轻人要变得有气质，会是一个比较矛盾的说法。

我不赞同这种说法，因为我觉得我是很有气质的，我从来都不是一个漂亮的女孩，在我年轻的时候，男生要赞美我的时候总是找不出什么词来，我听到的永远是"你很有气质"。所以年轻人是可以有气质的，并不一定要受到年龄或者阅历的限制。

从我的角度来说，如果一个年轻的男孩子或者是女孩子要有气质的话，没有什么其他的方法，我能给你的最好的建议就是你需要不断地读书。我说的"读书"，并不是要你去考大学或者是考研究生，我是指要养成一个阅读的习惯，没有比这个更快捷的方法了。

阅读的过程就是一种修炼

我常常会被别人问到这个问题，就是哪方面的书对一个女人的素养或者气质是有帮助的。我的回答永远都是：如果这本书你看得下去，你能够读得进去，那这本书对你来说就是一本能帮助你的书。

我不会说一定要读某一类的书，这类书看起来很长学问，或者这类书看起来很有教养，等等。所以，我不会说即使你读不下去，你也要勉强自己去看，因为到最后你会发现自己根本就读不进去，每读一个字都很困难，那这类书对你来说就是没有帮助的。

阅读的过程是非常重要的，如果你读进去了，这个时候你是很安定的，你的心是很平和的，因为每个字都被你读进去了，它就是最好的修炼过程。不管你读的这本书是什么样的书，你只要觉得在读的过程当中你是愉悦的，是能融入进去的，你读完了之后觉得自己是有收获的，这对你就是有帮助的，不一定非要阅读特定的某一类书。

推荐《巨流河》这本书

我每个星期都会读一本书，并不是我故意逼自己要这么做，这就是我读书的速度。一般很少有哪本书对我产生很大的影响，但是我最近读了一本书，反复读了两次之后仍然觉得非常感动，那就是齐邦媛教授写的《巨流河》。

这本书能让我反复读好几遍的原因，第一是她的文字太简练了，我都不敢相信，这么简单的文字怎么可能会传递出那么大的力量，能够让人久久不能自已。

第二是她在这本书里面提及了她的初恋。她今年已经87岁了，但是一直到现在她才提及她的那段初恋。为什么？她的初恋情人在抗日战争时死了，为国捐躯了。她一直没有提及这段感情是因为她对她先生的尊重，对现在这段婚姻的尊重。一直到她的先生得了很重的病，他们俩都老了，她才提及这段感情，你就知道她是多么有教养的一个人。

第三个原因，她虽然是贤妻良母的典范，但是等她的孩子长大了，念高中以后，她就到美国去念书了，发展自己的事业。她并没有放弃作为一个女人、一个知识分子对自己的追求，她仍然在不断地追求自己的进步。

这些原因足以支撑我推荐你们看一看这本书，尤其是女孩子。齐教授是一个非常有教养、有气质、文字功底深厚和中英文都很棒的女教授。虽然她已经87岁了，但是她的书非常好，简练的文字里可以承载很深的感动，这是我追求的目标。

年轻人如何看上去更有气质

气质没有速成法

有一个年轻人，一直在为如何培养自己的气质感到困惑。他说，他感觉气质是很难改变的，为什么有的人看上去就给别人一种很专业很自信的感觉，而自己却一直达不到呢？有没有一些具体的训练方法？

我告诉他，没有。气质这个东西，绝对不是你学一招半式，用一个什么速成的方法就可以改变的。有时候一个人读了很多书，你就能从他身上感觉到一种气质。我说的读很多书，不是说你读了很多的专业书。有时候即使是一个博士生，看起来也还是会显得特别的粗糙或者是土气。我说的阅读是读很多不同种类的书。

我常常会被问到这个问题，能不能推荐我们读什么书，能够让我们更好，或者哪一种类型的书对我们最有益。如果你们知道我读的是哪些书，你们就会吓一跳，我会固定地看一些财经类杂志，这是我很喜欢的一个部分。我不是学金融的，我也不在银行工作，你或许觉得我不需要看财经类的杂志，或者是不需要看有关国际政治的那些东西。你必须要看，因为在你看了这些东西以后，你的知识面才会广。

就拿我教芳香疗法来说，这些所谓的专业学芳香疗法的同学们，他们所看的书的内容都是以芳香疗法为主，市面上一旦出现一本关于芳香疗法的新书，他们都不错过，每天就是读精油、精油，所以有一次在上课的时候，我告诉他们，从现在开始，把你们所有的芳香疗法的书都放到一边，你不需要再读芳香疗法的书了，因为所有有关精油的基础知识你都有了，你现在需要的是拓宽你自己的知识面，而不是专业的东西。

这也是我给你们的建议，不要只读你专业的东西，一定要博览群书，要把阅读面打开，所以我会看政治类的、经济类的，还喜欢看小说、《三联生活周刊》之类的。很多人都以为我每天只看心灵成长、心理学的书，那些书我从来不看，因为我觉得那些东西不需要看了，我现在要看的是我不了解的东西，获取更多更广泛的知识。

一旦你的知识面很广，你自然而然就会变得气定神闲。所以你不需要那么专地去读某一类的书籍或者刻意要去读某一类的书籍。还有，不要去想哪些书读起来比较有气质，哪些书看起来比较有学术的味道，哪些书看起来比较有深度。没有哪些书看起来会有这些奇特的功效。

当然，如果你现在还在念大学，你的课业还没有完成，你不能说，金老师说不用读了，所以你就不读了。当然不是。专业的东西你还是要继续积累，只不过不能只局限在这个领域里面，其他的东西都不了解，那样的话你就会变得思想贫瘠。我之所以让我的学生读很多跟芳香疗法无关的书，是因为他们将来要面对很多人。当你

年轻人如何看上去更有气质

要面对很多陌生人的时候，如果没有足够扎实的基础的话，是无法了解别人的。你不能拿一本芳香疗法的书去对号入座，你得感受这个人。你必须要让自己非常丰富，才能感受别人，给他一些建议。

如果想让一个人很美好的话，就一定要让他拥有一定的深度，而这个深度，别人绝对是可以感觉得出来的。

气质与美丽完全无关

在谈到气质的时候，有些人以为自己很胖，就没法保持一种很好的气质了。我很难赞同这种说法，因为气质跟外在的胖瘦、美丽与否完全没有关系。

我曾经是一个很难看的人，可能很多人都觉得我很自贬身价或者是因为太客气，总是说自己不好看。但是如果你看了我年轻时候的照片，就会理解我的说法了。我的脸形、身材，各方面都蛮难看的，脸上还长满了青春痘。但是我觉得老天爷对我蛮好的一件事情就是让我长得不好看，让我有一个非常灰色的青春期，所以我才会知道，当你没有美貌的时候应该怎么办，你只有从另外一方面来突击，为自己杀出一条血路。

我为自己杀出的那条血路就是增加自己的知识，让自己读很多的书。我要喜欢我自己，用有气质的面貌来面对别人。所以我特别想告诉那些胖胖的女孩子，气质跟胖瘦、跟长得好看不好看完全没有关系。有时候你看见一个长得非常漂亮的女孩子，但是你跟她待在一起，几分钟以后就会觉得如同嚼蜡，觉得这个人超没气质。有的人可能长得并不好看，但是你为什么那么喜欢跟他在一起，原因是他能让你在他身边坐卧自如，这个就叫做气质。

至于我是怎么练就我自己的，我只能告诉你们，当你变老的时候，你自己感觉到有一点点年老色衰的时候，你就要开始留意更好地保养你自己。我已经到了这个阶段，所以我会很留意自己。如果容许我稍微夸张一点地夸耀我自己的话，我即使是在家里，也会很挺直地坐着，要求自己的背一直都是很挺直的。我常常跟我的朋友说，当你年龄稍微大一点的时候，只要你稍微地放松一下自己，你整个人就垮了。所以我永远要求我自己一定要坐得很挺，不管在什么情况下，我都坐得很直，慢慢地就变成一个习惯了，所以你不会觉得很累。当你背挺直了以后，你整个人的精气神就会很好。

五官是我们没有办法决定的，我们的胖瘦严格讲起来也跟遗传有关，如果说五官我们改变不了，高矮胖瘦我们改变不了，那起码我们可以改变我们的姿态。所以如果我能够坐得很端正，走路很挺的话，感觉也就出来了，是可以反败为胜的。

母亲是气质培养的关键

有人说，气质是具有传导性的，你通过书籍来学习如何做一个有气质的人，不如身边有一个特别有气质的人来影响你。我是非常同意这种说法的，我觉得一个孩子能不能有气质，跟他的母亲有很大的关系。

当一个孩子还小的时候，他是没有所谓的气质不气质的，他的气质来自哪里？他的教养。他知道有长辈在的时候应该怎样去坐，他知道在饭桌上吃饭的时候应该怎样去吃，什么时候应该闭嘴，什么时候应该去跟别人有礼貌地打招呼，这些部分都是来自他的教养。所以你会看到，很多出生在书香世家或者是出身贵族家庭的人，他身上所带的东西是别人学不来的。当然，那种东西不是真的存在于他的血液里面，我们不是说他的遗传基因有多么好，其他的普通人都做不到，而是说他家庭生活的氛围会对他产生影响，让他显得特别有礼貌、有教养，表现为一种难得的气质。

在这个过程中，母亲的责任会更大，因为父亲是一个比较刚硬

的角色，往往要抓大的东西，而妈妈是一个比较柔软的角色，要抓更多细节的东西。所以严格来讲，一个人长大以后，他的气质能不能塑造得很好，很多时候在于他在成长的过程中，有没有一个母亲去盯着他，给他很好的教养。

人生在碰壁中成长

年轻人会比较在意别人的看法。有一个年轻人问我，他非常在乎别人的看法，以至于他遇到事情的时候压力非常大，非常害怕失败，导致他不能正常做出原本应有的表现，这样的心态应该怎么调整？

其实，除了把注意力从别人的身上转移到自己的身上，没有其他的办法。因为他已经知道他有这样的问题了，所以从现在开始，他可能要更多地在乎自己的看法。但是生命当中没有什么醍醐灌顶的事情，就像有一个媒体采访我，说金老师，你能不能说一下，在你的生命当中有没有哪件事情让你变成今天的你。我说没有，我没有哪一天走在路上突然被雷打醒了，或者是突然发生了一件什么事情让我的生命改观了，我没有遇到过哪个大师说了一句话，自己从此就茅塞顿开地顿悟了，那是演电视剧。

　　人生没有这么悬疑，也没有那么戏剧。人生就是你走到这里，碰壁了，你知道行不通，同时慢慢学会了一些东西，你逐渐变得越来越聪明，这就是为什么我们需要岁月的原因。所以不用期待哪件事情能让你突然豁然开朗，你的人生从此发生很重大的转变，这是不太可能的事情。宽容一点，给自己的人生多一点点的时间。发现问题的同时，就已经开始了慢慢改变了。

　　不要说你今天决定不在乎别人的眼光了，明天你进了办公室又开始在乎了，然后你就恨自己恨得不得了，为什么自己做不到呢？不，不用担心，你原来在乎10个人的眼光，现在你在乎9个人的眼光，就已经是进步了。再过一个月你发现，你在乎的只有8个人的眼光了，半年以后你发现你只在乎六七个人的眼光了。你要给自己时间，让自己慢慢成长。

年轻人要有人生导师

　　在成长的过程中，年轻人可能会遇到很多的不幸和挫折。有时候心理上会有一些创伤，或者难过的坎儿，跟同龄的人讲，他们不一定能完全理解，这时候年轻人最好能给自己找一两个导师，会更有助于你的成长。

我可以举个例子。我之前遇到过一个年轻人，她是在离异的家庭里面长大的女孩，她父母那一段不愉快的婚姻给她带来了很大的影响，在身边同龄人群里面，她总是显得很偏激，缺乏安全感，所以别人总是对她敬而远之。在这种情况下，这个女孩觉得自己很孤独，觉得身边的人为什么都不接纳她，如果能给她多一点的理解，也许她就会表现得跟以前不一样。

事实上，在这种情况下，你可以去寻求一些长辈的帮助。因为在同辈的群体当中，他们跟我们的年龄是差不多的，他们对人生也是一知半解，所以可能对我们的宽容会稍微少一些。但是可以请教一些年龄比自己稍微大一点的人，很坦率地告诉别人你自己的问题，也可以很清楚地告诉他这是你成长的环境造成的，然后寻求帮助。我觉得比自己年龄大的人，对生命有经历的人，是愿意伸出援手带着我们往前走的。

所以，如果可以的话，你要给自己找一两个导师。这个导师可能是你工作中的长辈，也可能是你家族的朋友，找到一个能带着你往前走的人，是一件蛮幸福的事情。

人人都有散漫的时候

越来越多的年轻人面临着这样的烦恼，他会发现自己有很多事想做，但是在做事的过程中不知不觉就散漫了，等到自己察觉的时候，已经过了很长一段时间了。

我觉得我们每个人都有散漫的时候，因为我们身体的能量，我们肾上腺素的分泌，我们的神经系统都已经走到了一个地步，我们的身体在告诉我们，它支持不住了，所以你才会变得散漫。这个时候，你可以给自己一段时间，比如你衡量一下现实的情况，你的工作或者学习，允许你有多长时间的散漫。

我对自己是这个样子的，我什么事情都不想做的时候，就告诉自己说，好，金韵蓉，给你三天的假。我就真的给自己三天假，这三天当中我什么事情都不做，就是玩，吃冰激凌，看美剧，没日没夜地看，看完后头昏脑涨地睡上一觉，第四天就好好干活。

你要允许自己散漫，给自己一段时间。但是千万不能这样拖着，你又想工作又散漫，这个时间就会拖得很长。给自己一段时间，有时候你只能有一天，有时候可以允许自己有两天，有时候可能只有半天，总而言之，让自己完全地堕落，堕落到你自己都很唾弃你自己以后，你就觉得OK了。

大陆男生很难安定

我出生在台湾，但是由于工作的原因，经常会待在大陆，所以对台湾和大陆这两种环境我都不陌生。在参加节目的时候，经常有人向我提出比较性的问题，比如在大陆或者在台湾，哪一种年轻的男生比较有气质。

这是很难回答的。在大陆看见很多年轻的男子很有气质，台湾当然也有很多有气质的男生，我没法把这两个群体拿来作比较。如果你要我很坦率地说，我会觉得大陆的男生压力会比较大，因为我们成功的定义会稍微窄一些，我们可能要成就的东西会比较制式化一些，因为我们被认可是成功的标准可能会严格一点，也可能会条理明确一点。

台湾的男生在这方面可能稍微轻松一点，一个人一旦轻松了，他自然而然就会流露出一种东西。所以如果一定要说有什么不同的话，可能在这上面有一些不同。如果一个年轻人，他现在急着成功，成功的门又那么窄，也只有达到那几条才算是成功的话，你就会看到他的眼神当中有很多的急切。一旦他急切了，就显不出气定神闲的气质来了。只有轻松了，他才会在不经意间流露出安定的气质，这是一点点的不同。

如何交
朋友

朋友是一种"生产力"

我们经常会提到"生产力"，快乐是一种生产力，幸福是一种生产力，其实，朋友也是一种生产力。但是什么样的朋友属于有生产力的朋友，没有统一的答案。因为生产力是说能够创造出价值，朋友是一种生产力，是说朋友能够为你带来价值，为你创造出价值。

这要看你对生产力的定义，比如你需要的是从朋友那里吸收勇气或者安慰，那这就是一种很好的生产力。还需要看你在哪个阶段。比如在念高中的时候，对你来说最好的、最合适的朋友应该是可以彼此鼓励、一起为以后的目标奋斗的人；大学的时候，你的好朋友应该是能够帮助你开阔眼界、拓宽思维的；工作了以后，这个朋友能了解你工作上的一些困难，或者帮助你解决一些生活的难题，是在遇到困难的时候能够安慰你，给予你力量的人。

不能说哪一种朋友一定是有生产力的，而要看你是在什么样的阶段，希望生产什么样的东西。但是如果到了我这个阶段，我会觉得一个好的朋友应该是能够让我觉得开心的人。当我在很无聊或者有一点点忧伤的时候，我可以给他打一个电话，或者发一个短信，希望从他那里得到安慰和理解。

所以，要看你在每个阶段想要的是什么。可能当你在二十几

如何交朋友

岁、三十几岁的时候，你的人生正在向上攀爬的时候，也许你的好朋友的定义是能够帮助你在工作上提高生产力，但是到了你五十几岁、六十几岁的时候，你可能只需要一个贴心的人，能够随时交流情感，可以说知心话的人，那他就是你的好朋友，对你来说也是一种生产力。

交朋友不是能力，没有得分

交朋友这种能力不能用某一个特别固定的标准来衡量，面对不同的情况和环境，可能每个人作出的反应都不尽相同。如果你觉得跟某个人在一起不开心，或者觉得不自在、不舒服，那就不要浪费时间，我从来不觉得因为要交朋友而需要刻意去做什么事情。在上班的时候，在单位里，我们已经刻意地做了很多事了，如果交朋友还要刻意，那就累死了。还不如给自己一个空窗期，在这段时间里，你只关注你自己或者关注你的家人，至于朋友，在有缘的时候他自然就会出现。

交朋友绝对不是你要刻意去做的一件事情，当然这个跟你的人际网络是另外一回事。人际网络是要刻意去做，要主动的，你需要结交很多跟你的工作、你的事业有关系的人，可是这跟朋友是两回事。

在生活中，人们面对的问题不是能不能交到朋友，而是怎样面对不同的朋友。很多人都觉得在面对单一的对话者时相对来说还算轻松，能够应付自如，但是如果对话者是多个人，那他就不知道怎么应付了。我也是这样的。

我在演讲的时候，可以侃侃而谈，因为都是我一个人在说话，这对我来讲没有任何问题。但是如果是在某个派对里，周围的人都拿着一个高脚杯晃来晃去，我就吓得不知道怎么办才好了。我是一个私底下没有办法跟很多人交往的人。

我记得有一次我学生的老板，他实在是太想要跟我一起吃饭了，就跟我的学生讲，你无论如何要约到你的老师一起吃饭。我没办法，只好硬着头皮去了。吃饭的时候，大家都会敬酒。我特别害怕这种事情，所以我发现有人要拿酒杯的时候就赶快吃饭，只要看见有人蠢蠢欲动的样子，我就摆出猛吃东西的架势。结果第二天我得到了一个评语，说金老师还挺爱吃的。就因为那天我吃了两碗饭，因为我不知道应该怎么办才好，我要掩饰我的窘迫，所以就只能这样做。但是你能说我是社交很无能的人吗？我觉得也不能这么说，只是我在这方面的能力比较弱而已。我不会因此而认为自己不够完美，或者认为自己是一个不会交朋友的人。

　　每个人有每个人交朋友的方式，面对不同的人，可能也会有不同的表现。就像我跟我的几个闺蜜在一起，比如于丹、李静、陈丽这几个人，很多人可能不相信，我在演讲的时候话语滔滔不绝，在参加节目的时候妙语连珠，但是跟她们在一起的时候，我永远是坐在一个地方傻笑、喝水、吃东西的那个人。在私底下，于丹是一个特别能说的人，有时候她说的话我都听傻了。她们每个人都特别能说，大家在一起的时候，我们每个人都觉得很开心。所以，你不一定非要怎么做才是有朋友的，交朋友没有统一的标准，也不会给你评分。

没有长袖就不要善舞

　　朋友圈子的大小没有标准，圈子小不能说明社交有问题，也没有必要刻意扩大朋友圈子。拿我来说，我和宝洁对外关系部的大中华区总裁陈丽是非常好的朋友。她是一个超级长袖善舞的人，有好几个朋友圈子，这几个朋友圈子彼此之间并不是完全相识的，我是属于她其中的一个朋友圈子，但是我跟她绝对是非常核心的朋友、闺蜜。我们彼此供给养分，但是她还有很多事业上、工作上需要的朋友圈子，而我除了自己小范围的闺蜜圈子之外，就没有其他的朋友圈子了。但是这并不表示我的生活是枯燥的，我可以从其他不同的地方来获取。我没有很多不同的朋友圈，因为我没有那个能力，我不是一个长袖善舞的人。

当你不会做某件事情的时候，你就不要刻意地去做，因为你做得不好反而会浪费更多的时间，你可以尝试用其他的方法，去旅行、看电影或者多看点书，来扩大你的视野。可能有些人会因为工作或者事业发展的需要，想要多形成几个朋友圈，扩大自己的交际面，我觉得你可以到处去收集名片，或者去了解在某个地方有什么样的会，这个会的参加者跟你同质性很高，你希望认识他们，那你就要很有勇气地参加。

很幸运，我不需要这样的机会，但是我的儿子一直在做这件事情，他常常要参加不同的会，要收集很多名片来充实他的电话号码簿。如果你真的有需要，那你只好努力去做。但是并不是每个职业、每种工作都需要这么大的人际圈子，你还得看自己的工作内容和职业内容，比如你是一位老师，你就不需要到处去扩大你的人际圈子，你只要在老师的团队里面，就已经能满足你的人际需求了。

为人越精明，越容易深陷职场政治

自从杜拉拉出现以后，大家就一直在讨论职场政治。其实，我觉得办公室政治没有那么严重，而且是个是很严重，取决于你希不希望它严重。我可以举一个简单的例子来说明怎样让你在办公室的政治、人际关系当中不被伤害，能够全身而退。

在工作之余，我喜欢看一些棒球比赛，在棒球场上投手和捕手之间的关系，跟办公室政治中的关系很相似。我们可以设想一下，如果我是投手，你是捕手，我投一个直球给你，你马上就接到我的直球。我投了两次直球以后觉得你很厉害，直球你能接到，所以接着我就投了一个下曲球给你，你也接到了。我就会试着再投一个左转弯的、右转弯的，投各种不同的球路给你，球路的变化也会越来越多，因为你都接得到。

但如果说你只接直球，除了直球之外其他的球都不接，我上漂、下曲，什么左转弯、右转弯的，你都接不到，我也就不会再投给你了，因为不好玩，我会去找一个能够接得到的人去投，谁能接得到我就跟谁玩，所以我的投球技术越来越巧妙，因为对方接得到。

如果你想让你的人际关系、办公室政治变得单纯，那么你就要做一个接直球的人。你不要对别人的一个眼神、一句话或者一个小动作都捕捉得那么厉害，如果你成为一个八卦中心，你变成一个特别能够接球的捕手，那么所有人都会给你投变化球，你就会变成一个是非的中心。但是如果你只能接直球，别人就觉得你不好玩，这个人不行，跟他讲这个是没用的，你的人际关系就会变得比较清爽，比较干净。当领导选择的时候，他有可能会任用你、提拔你。

当然，也有可能不提拔你。因为有时候老板是这个样子的，他把敌人的敌人当成朋友，他喜欢用这个人来打击另外一个人，但常常这个人也会变成牺牲者。所以我宁愿你们是比较单纯的，做只能接直球的那个人，不要那么敏感。

实力重于交际力

当我在不同的场合鼓吹女性要有很强的人际交往能力和圈子的时候，有很多刚进入职场的年轻女生就显得特别迷茫，她们不知道是应该表现出很强的交际能力还是表现出自己的实力。

对于刚刚进入职场的女性来说，不管你的人际交往能力如何，我都会建议你先展示你的实力。尤其是你的领导是一位女性的时候，更要注意这一点，女人跟女人之间很容易捕捉到对方的强势跟侵略性。如果一个女领导在面对一个充满威胁的、很强势的女下属的时候，她通常会控制不住自己剥夺给这位女下属的一些机会。

所以作为一个年轻的女孩，当你刚刚进入一个单位的时候，最好先安静下来，先察言观色，安静一点，在一边好好工作，等到你完全摸清楚了逃生门在哪里，你才能懂得怎样保护自己。当你真的摸清楚整个办公室的动线，尤其是情绪的动线、权利的动线以后，你再开始出手还来得及。

有些人永远不是你的朋友

我是一个讲销售心理学的老师，常常会去很多地方，给企业或者一些SPA的老板讲课。我常常跟他们说，有一些人是不能成为你的朋友的，比如你的客户、同事和老板。

举个例子，如果你出差，跟同事睡在同一个房间，两张床，你记得晚上11点之前把所有的事情都做完，11点赶快闭嘴睡觉，千万不能做一件事，就是躺在床上聊天。因为过了11点之后，我们的理性开始逐渐下降，感性开始出来主宰我们，你会发现有些你平常绝对不会说的事情，11点过后你就会开始说。

说完了以后有两种情况，第一种，你特别后悔你昨天晚上说的话，但是已经收不回来了。所以同样的，如果你跟你的男朋友闹矛盾了，你想写一个E-mail给他，白天的时候没时间写，一直拖到了晚上11点之后了，你写完了之后不要立刻发送，第二天早上起来再看看，这时一定不想发那封信，因为太肉麻了或者说了一些不应该说的话。所以第二天早上你会特别后悔，因为说错话了。

第二种情况是我更怕看到的情况，你告诉他你所有的秘密了，你告诉了他好多你和你老公之间的事情，你们家所有的秘密你都告诉他了，你以为他是你的密友了。所以第二天吃饭的时候，他和别人一起出去，你的心里就会特别难受，觉得他为什么要背叛你，为什么不跟你一起吃饭，如果要跟别人出去，为什么不先过来问问你。可是他不知道，他还是像平常一样跟别人出去吃饭了，他不知道已经得罪你了，让你难过了，所以你就要做出一些事情来证明他还是认为你是他的密友。这中间就开始变质了。

很多时候，当一个老板跟他的客户成为好朋友的时候，这个客户就不会是客户了。因为逐渐地，当两个人的关系更亲密的时候，这个客户会为这个老板当托儿，会经常带其他的客人来。但是你会发现这个客户开始变得很贪婪，他会要你更多的友谊、更多的爱和关注，你就觉得受不了，最后这个客户也就不是你的客户了。

跟老板之间是这样，跟同事之间也是这样。你不要试图把所有的同事都变成你的朋友，这是不可能的事情。你一定要知道谁是最可以交朋友的人，你跟他发展关系，至于其他的同事，你保持礼貌，保持教养就可以了。

所谓的好人缘，并不是滥好人缘，并不是跟所有的人都试图交好朋友，慢慢地你就会觉得你在取悦所有人，把自己的工作都疏忽掉了。跟老板之间，一旦你觉得他是你朋友的时候，你就会想要证明他对你是最好的，就会把握不了分寸了。至于对下属，无关朋友不朋友，只关乎你的教养。

面对火山老板，只能任其喷发

脾气火暴的老板，源于内心安全感的匮乏。面对大动肝火的老板，反驳肯定是下策。你千万不能回嘴，也不能找理由。你越是找理由，他就会越生气，脾气会越火暴，你们就会进入恶性循环的圈子里面。

当老板骂你的时候你就听，也不要笑，你笑的话老板会更生气。可能在生活中，有的人想要掩饰自己的惊慌，他就尽量保持微笑，但是如果你这样对老板，他会觉得你在挑衅。就像一个妈妈，哪个小孩被打得最厉害？就是那个特别要强的。如果妈妈要打的时候，孩子说他不敢了，妈妈下手就会比较轻。越是不哭的孩子，越是逞强的孩子，妈妈下手越重。所以你不能笑，也不能反驳，就只能听，不断点头。你要给自己找一个支点，因为你可能会气得发抖或者吓得发抖，你要找到一个支点支撑住自己，让自己稳住，然后一直点头。

其实老板也蛮可怜的，他之所以会这么焦躁，是因为他的内心里需要承受更大的压力，他有更多的恐慌感。当老板的生意做不成了，公司倒闭了，老板要承受所有的损失，而员工会拍拍屁股走人，再去寻找另外一个老板。员工永远不能体会老板脾气火暴，老板是多么没有安全感啊。所以第一你不要反驳，不要给自己找理由；第二你不要微笑，要很诚恳地点头；第三你千万别耍小聪明，老板知道冤枉你的时候他一定会弥补你的，但如果你反驳了，或者做出了一些很不尊敬他的行为时，他就会恼羞成怒，你会死得更快。

所以对于脾气火暴的老板，你只能任其爆发。等他火气发完了，这件事情也就过去了，也许以后还会补偿你，但是如果你反驳了，或者做出了其他反抗的举动，只会对自己不利。

没有百分之百的受害者

　　我经常会提到"态度"这个词，因为在我几十年的生活中，对它有过两次很深的痛楚。

　　第一次是我在大学的时候，有一次一个外国人跟我搭讪，用满口流利的英语问我是哪个系的，当时我非常紧张，完全不记得自己的科系用英语怎么说。就在我结结巴巴憋得满脸通红的时候，那个外国人满脸鄙夷地对我说，你确定你是大学生吗？然后扭过头去再也不愿意看我一眼。

　　还有一次是我在法国巴黎，有一天我发现了一家很精致的服装店，并且里面有打折的告示，我就进去想要挑选一件合适的衣服。当时店里挂了很多衣服，有很多法国女人在那里试穿。我也很想试穿，就怯怯地向店员询问可不可以，得到允许后，我小心翼翼地开始试衣服，第一件衣服不合身，我又拿起了第二件，又不合身。当我准备试穿第三件的时候，当着众人的面，法国女店员挡住了我的手，冷冷地说：你不可以再试穿了！

　　我觉得那是一种从未有过的羞辱。但是为什么其他人都可以试穿，而我不可以？回去之后我一直在想这个问题，然后我得出了结论，是因为我的态度，我的胆怯和不自信让她觉得她可以随意羞

辱我。

　　通过这两件事情，我明白了一个道理，那就是在你承受一些事情的时候，除了他人的因素以外，肯定有一部分原因是你自己的。在那些难忍的伤害里，肯定有一部分是你自己带给自己的。在处理人际关系的时候也是一样的，别人带给你的伤痛里，总有一部分原因源于你自己。

　　我记得有一位读者朋友曾跟我说，因为他之前被一个朋友利用了，现在心里还有阴影，所以后来很难再去相信别人了。

　　遇到了这种情况，首先你不要想这个朋友为什么会这样对你，而是要检查一下在哪个环节出了问题，你是可以用很理性的态度去对待的。比方说如果你跟一个朋友在一起，这个朋友背叛你了，你觉得自己很受伤，每天都在想"他为什么骗我""他凭什么这么对我"，你就会陷在情绪里面。

　　但是如果你先跳出来，我教你一个方法，拿出一张白纸和一支笔，把你们感情变质的原因、你们的交往情况、在什么时候什么阶段发生了变化、有哪些变化的征兆，都总结出来，下一次再遇到这种情况的时候你就可以避免，而不是在受伤的情绪中无法自拔，不敢再去交朋友。在面对这些问题的时候，要学会找到关键点，看清质变的关键在哪里，你下次就会吸取这个教训。

　　岁月给予我们的是逐渐去累积经验，而不是裹足不前。其实很多事情，之所以会是今天这个结果，并不完全是因为他骗你，也有可能是你疏忽了，或者你的态度问题，导致了这样的结果，如果这么想，你就不会觉得自己是一个百分之百的受害者。

愿做软柿子，只有被人捏

态度决定高度。你的态度不仅传递了你怎么对待周围的人，也传递了你希望周围的人怎么对你。有一位读者问我，他最讨厌办公室里的老好人，但是又不得不成为一个老好人，应该怎么办？这就是态度的问题。

如果你的老好人是大家都很喜欢，不损于你的工作表现，那么你就可以继续当你的老好人。但是如果这个老好人已经承受了一些不应该承受的事情，你就应该考虑自己是不是有哪些地方做错了。中国有一句话叫做软土深掘，如果你的土是很软的土，别人掘得就会很深。如果你的土是硬土，那么他掘得就会相对很浅。有时候我们会在单位里面表现出〝你欺负我吧，没事〞的状态，别人就会欺负你。所以你表现出来的气度、气质会让别人知道他应该怎么对你。

我一直都相信，卓越是一种态度，而不是技巧。如果你问我有没有其他的办法可以让你改变这样的局面，我只能建议你改变一下你的态度。你需要检查一下自己是不是太软了，是不是表现出了"没关系，你怎么对我都可以""我什么都可以接受""即使你对我不好，我也没事的"……在单位里，你能明显地感觉出来，你们俩犯了同样的错误，老板可能对你的同事就不敢用太严厉的话说，他会婉转一点，但是对你，他想骂什么就骂什么。为什么？

你们俩都是同一个学校毕业的，都是研究生，资历也完全相同，为什么他敢用他想骂的话骂你，对另一个同事就不敢这么严厉？是因为那个同事可能表现出来的气质跟气势，使老板不敢骂得太狠了，但是你就会表现出"随便""都行""我知道""我错了"，他才敢这样对你。

所以你要检视一下，是不是你的态度、你的表现，让别人以为可以随意欺负你。愿做软柿子，只有被人捏。

领袖＋反对者＋旁观者＋二百五＝凝聚的团体

有时我们可能因为某个原因跟一些人聚在了一起，但是很快地大家就作鸟兽散，从此不再有任何联系。但是有时候，你加入一个群体，发现这个群体之间的联系非常紧密。这是因为这个群体里面各种角色都具备，群体的发展很稳定。

比如说，如果一个群体当中有一个人，他负责告诉大家下个礼拜该聚了，大家好久都没聚了，然后他决定在哪里聚，他就自然而然成为一个领袖人物。但是如果只有一个领袖人物的话，这个群体还不足以维系，一定要有一个反对党，当一个领袖人物出现的时候，要有另外一个人持反对的意见，这中间有一些辩论和矛盾，你就会发觉有两个派系出现了，但是它们又能够合在一起。这个领袖管得太多了，就要有这么一个人出来提醒他，反对他，所以这个反对的人物一定要有。

还有一个人物是无所谓的人。举个例子来说，领袖今天说我们该聚了，大家去哪儿呢？不如去吃涮羊肉吧。反对党就会说，不要吃涮羊肉，不好吃。那第三种人可能就会说，怎么决定都行，我无所谓，没意见。这种人还是比较"阴险"的，因为你也不知道他到底是想吃还是不想吃，也可能是他觉得参与的本身会比内容更重要，所以他会把自己的意见掩藏起来。

还需要一种人，就是特别二百五的人。有了这种人之后，这个群体就会特别凝聚。比如我们参加一个旅行团，大家一起去国外玩。很多旅行团回来以后都会各自散去，彼此之间不会再有任何联系，但是有时候这个旅行团的人老在一起，为什么？就因为一定有一个二百五，这个人老做一些特二的事情，大家回来以后总是喜欢说他曾经怎么样怎么样，特别二百五的事情，特爆笑、特丢人，每次大家都要重说一遍他的事情，笑哈哈的特别开心，所以这个人就提供了一个谈资。

因此，在一个很有凝聚力的团体里，必须要有这样几种角色：一个起带头作用的领袖，一个总是否定领袖意见的反对者，一个摸不清想法的旁观者，还要有总是闹笑话的二百五。当然也会有一些随从，就像我这样的人，人家说什么，我永远都说好啊好啊，我OK。但是我不会说随便、都行，那种人就很讨厌。我会很热烈地响应、附和，而不是消极地参与。我觉得我是一个特别会制造气氛的人，每一次吃东西或者去哪里玩，我都觉得特开心，如果有觉得不开心的人，我也能把他弄开心，我是这样的一种人。

所以一个凝聚的团体当中必须要有不同的角色，如果每个人都是特别会说话的人，那这个群体就会崩掉了。

谁是仗义好友？你的心知道

一个人是否仗义，会在很多事情上面体现，这个仗义并不是说谁埋单的仗义。生活中，每个人都有一些事情是需要朋友帮忙的，我也不例外，我有很多事情是需要朋友协助的。

我会有一个识别的标准，就是当你遇到事情的时候，除了家人之外，你最想去找谁。这些朋友当中，你觉得你最能开口的，最能去请求帮助而你不会觉得为难，你也确定知道这个人不会让你为难，这就是一个仗义的朋友。你是感觉得出来的，你没办法拿尺子去量，但是朋友跟朋友在一起，总会有一些蛛丝马迹，让你能够感觉出来。

有时我们在生活中会碰到这样一种情况，有的人定义朋友，说什么叫做朋友，朋友是可能平常你并不联系，但是无论你做什么决定他都会默默支持你的人，这样的人才是真正的朋友；有的人却说，真正的朋友会告诉你什么是对的、什么是不对的，是敢讲真话的人。

这都是朋友的一种，不能说哪一种就是朋友，哪一种就不是朋友。我还要拿我自己说事。我高中和大学都没有什么朋友，但我有唯一的一个高中同学，后来和我进了同一所大学，虽然我们平时并不常联系，但是我保证如果很多年以后我们再见面的话，我们俩之间还是不会有太大的距离，因为我们的心是很近的。我现在的闺蜜们，我们常常见面，一起吃饭、打电话聊天，但是我不能说我现在的闺蜜取代了我曾经的朋友。不！

如何交朋友

你要知道，朋友不是只有一个标准。朋友会有很多不同的感受、不同的标准和形态，如果可以的话，要尽量累积多一点不同的朋友。你会发现，你们俩在一起只能说某一件事情，但是你们大家在一起的时候可以共同说别的事情，这个中间并不存在背叛不背叛，因为你们俩的共同话题不一定是大家的共同话题。所以，谁是仗义好友？你的心会告诉你。

90秒决定你的第一印象

如果要跟陌生人快速地建立信任，我们研究心理的人曾经有过一个很重要的理论：一个人对另外一个人的印象，会在第一个90秒里决定。当要进别人办公室的时候，你怎么走进去，或者坐下来后怎么说话，怎么注视别人的眼睛，都会给别人一个印象，所以，第一个90秒非常重要。

我会建议你们，不管是男生还是女生，第一个90秒里别人是看不见你的才智的，他也没有办法完全听清楚你说的话，他能看见的，只有你的外表。所以，你一定要让你的外表看起来很精神、很干净。不一定要多漂亮，但是你一定要把自己收拾得很干净，对女孩子来讲尤其重要，把皮肤弄得干干净净的，如果有青春痘没关系，就打一点粉。总而言之你不要让别人看到你脸上有太多失焦的地方，一定要有焦距。焦距是什么？就是你的眼睛。你的眼睛不一定很大，但一定要有神。这样你给别人的第一印象才会很坚定。

肢体语言也要注意，你怎么走到别人的面前、怎么跟别人握手之类的都非常重要。我要特别提出一点，就是你跟别人握手的时候，尤其是做销售或者其他类似的行业，握手一定要非常有力。即使你是女孩子，也要慢慢地、有力地握住别人的手，千万不要软绵绵的，会给别人特别糟糕的感觉。

想让别人一下子就觉得能够信任你，肢体语言是非常重要的，你的外表、你的笑容、你的走路方式，等等，有时候会比你说的话更管用，所以我们要特别地练习笑容，对别人展露微笑。不在于你要露出几颗牙齿或者怎么样，而在于你的笑容一定要是自信的、诚恳的。如果你笑得很假，那你笑了等于没笑。

第一印象很重要。不在于你接下来要不要请对方吃饭，因为有时你会进入一个怪圈，如果第一次请对方吃饭了，第二次再请对方吃饭，第三次你没请的话，对方就觉得你失礼了。但是如果你第一次不请对方吃饭，你就不会进入怪圈，这个习惯就变成了一个规则。

眼神接触的诀窍

很多人都有这个问题，跟人接触的时候眼神总会不自觉地回避和别人正视。虽然他也努力去正视别人了，但是总感觉非常不自在，眼神很快就会逃开。这该怎么办？

我首先要说，并不是你怕跟别人有眼神接触就表示你有问题。因为确实有些时候对方的眼神是非常锐利的，有人的眼神会让你觉得想要闪躲。所以先不要下定论，以为这一定就是自己的问题。

还有一种情况，如果你老是想闪躲别人的眼神，那就可能表示你缺乏练习。我一直不愿意马上说你缺乏自信，因为我觉得我不能这么武断地说你不愿意跟别人有眼神接触就是你缺乏自信。当然，除非你永远不敢看别人的眼睛，那你可能要考虑自己是否会有一些问题。但是如果是这样子，要怎么练习呢？

当你跟别人说话的时候，起初的几秒钟你一定要看别人的眼睛，但是不能一直看，那样对方会很尴尬，你也很尴尬。你可以看几秒钟，然后喝点水，或者做一些其他的事情，把眼神稍微转一转，然后再回头去看他的眼睛，几秒钟以后，再转一转。如果你是在跟客户说话，不能有这么多离开的时间，那就注意他的鼻子。偶尔看一下他的鼻子，你的眼神不会有太明显的改变，但实际上你已经给自己一个休息的机会了，对方也觉得，他终于不看我的眼睛了。两个人缓一缓，之后再对视，这样的效果会好很多。

很多人以为，跟别人说话的时候一定要一直注视对方的眼睛，其实这是一种误解。你不能一直看着对方的眼睛，对方会觉得很有压力，他会觉得很害怕。有时我们在练习直视的时候，因为太想证明自己了，唯恐对方看出自己的不自信，所以一直盯着对方看。这种直视会让人很不自在、不舒服，因为你的眼神很空洞，穿透力太强了，这样会让别人有被攻击的感觉。

好朋友不能带着走

有一位一岁宝宝的妈妈问我，她学生时代的朋友不少，跟他们在一起聊天的时候非常开心，遇到选择和困难的时候，他们也会很用心地帮助她。那个时候君子之交淡如水，朋友多体现在心灵的慰藉上。现在有了工作和家庭，和朋友聚的时间少之又少，以前的朋友很多都不在一个城市，在一起的见了面也不知道该说些什么，好像是为了聚会而聚会。同事也不想深交，所以感觉朋友越来越少。

没有了朋友的生活总是少了很多色彩和快乐，那我们应该怎么处理和看待这个问题？

作为一个孩子的妈妈，差不多已经有30岁了，跟高中时代相隔十几年了。如果说你跟某一个高中同学持续维持着友情，这个我可以理解，但是如果你希望跟高中的那些同学都维持固定的友谊，会有一点点困难。因为离开学校以后，每个人成长的轨迹不同，生活内容也会不同，遇到的事情也会不一样。你不能用维系高中同学的友谊来当做一个标准。

不过也不用特别着急。就拿我来说，我高中的时候是我最糟糕的时候，因为我自卑，不敢跟人接触，所以几乎没有什么朋友。念大学的时候，我又急着出人头地，急着让别人看见我，所以我参加了很多社会活动。时间都被其他的事情排满了，我也没有什么要好的同学。

大学毕业以后，开始工作，接着结婚，后来为了孩子，为了赚钱，也没有累积什么好朋友，顶多是跟我的同事说说话，偶尔出去吃吃饭，没有所谓可以深交的人。一直到我儿子长大了，我觉得我可以稍微喘口气了，可以稍微留意到自己的社交生活的时候，才开始交好朋友。

我并不是说我的轨迹是正确的，你们都应该效仿，而是想告诉你们，你不必一路上都要收集好朋友，你在每个阶段会有这个阶段的好朋友。等你累积到最后，发现自己已经准备好了，要交好朋友的时候，你就好好地交自己的朋友。并不是说你一定要用这个来衡量你自己是不是有社交的能力或者你是不是一个合群的人，等等。

我们都知道，有时候交朋友是需要花费大量的时间和精力的，现在的很多年轻人可能会因为孩子，因为家庭拴住他很多的时间。所以不要着急，先把自己身边的事情处理好，等一切准备妥当之后，再去结交更多的朋友。

享受独处

爱情是女人一生的课题。我遇到过一些女孩子，她们只要一谈恋爱就会完全失去自我，跟男朋友在一起的时候很有安全感，但是如果有一刻分开的话，比如他们在一天里见不到面，她就完全没法正常地工作、学习或者投入到其他的事情当中。

女生的不独立或者虚荣太多，没有安全感，是破坏感情的一个很重要的杀手，所以女生必须学会自立或者独立。我曾经在我的一本书《先斟满自己的杯子》里面提过，我们要学会享受独舞的乐

263
如何交朋友

趣。你可以去练习，如果你现在有男朋友，你要每天给自己一段空白的时间，这段时间你是不跟他在一起的，是你自己独处的时间，用你确定他很爱你的正面的情绪和能量，来发挥你自己的兴趣。

这个兴趣不一定是特别伟大的事情，或者特别有学问的事情，哪怕是你看电视剧或者读书，都可以。只要你能自己做一件事情，从30分钟或者1小时开始，练习自己去享受一件事情，慢慢地这个能力就会累积出来。不要因为有男朋友了，就一天24小时跟他黏在一起，那假设有一天你的男朋友离开你了，你没有男朋友了，到时再去积累自己独立的能力，就有些晚了。

交朋友的时候也一样，要培养自己的独立性，不去依赖别人和依靠别人。再好的朋友，如果两个人天天黏在一起，迟早也会分开。所以，学会独处，不管你是跟男朋友、先生或者跟朋友在一起，都要想办法把自己变成一个独立的人。

与异性交往没有技巧

很多人都不敢与异性交朋友，因为害怕被别人误会成男女朋友的关系或暧昧的关系。我有很多读者，他们想在结交异性朋友前做一些练习，学一些技巧。

可是跟异性交朋友是不需要练习的，它是可以循序渐进的。比如，你是一个在异性面前非常害羞的人，见到女生就会脸红，可能一句完整的话都说不出来，那你当然不能单独跟一个异性开始交朋友，因为这样会把你的缺点完全暴露出来。你可以在一群人当中，这群人有男有女，借着他们你可以做一个练习，锻炼你的胆量，让你逐渐适应跟异性交流。

至于说跟异性相处的技巧，倒没有什么特别的。当然，如果你已经有了固定的女朋友，再结交异性朋友的时候就需要练习了。你需要练习收一收自己的想象、瑕疵，或者是花心。因为在面对不同异性的时候，选择会增多，面对的诱惑也会增多，能不能不让那些异性的朋友影响到你正常的感情生活，这是需要练习的。除了这种情况之外，结交异性朋友不需要过多的练习。

已经心有所属，就要与异性明确界限

很多人问我，异性之间的距离如何掌握，多远合适？这要因人

而异。当你还没有固定的伴侣之前，如果你觉得某个异性朋友跟你还蛮投缘的，这时是没有什么度要掌握的，因为很多情侣都是由异性朋友发展出来的，如果你要去掌握什么度的话，有可能会断了一场好姻缘。但一旦你已经心有所属了，已经对另外一个人作出承诺了，这时，这个度就要掌握得非常明确。

前几天我参加节目的时候，也聊到了这个问题。有一个女生，吃她先生的醋，因为她先生跟一个女同事常常在一起聊天，节目组的意思是想让我开导这个女生不要吃她先生的醋，"你先生跟那个异性朋友只不过是常常聊天而已"，他们希望我这么说。但是我说，为什么不要吃醋，当然要吃醋，与异性朋友常常聊天当然是不可以的事情。主持人就问我，金老师，你就没有异性朋友吗？我说我真的没有，一个都没有。我绝对不会跟某一个男生单独吃饭或者喝咖啡，因为我觉得这样对我先生来讲是不公平的。也许你们会说我是老派的人，但我觉得这是我对他的一种尊重。所以，当我要见一个异性朋友时，我会跟我先生一起去见或者跟一群人一起去见，这是我对自己的一个要求，也是我对我先生的尊重。

当你心有所属的时候，你已经对另外一个人许下承诺的时候，这个度你要掌握得非常严。你还没有时，多远都行，因为你可能会发展出一段姻缘来。当然，作为女生要懂得保护自己，不要被伤害。

相爱容易相处难

爱情的难处在于，在彼此追逐的阶段，热恋的时候，那份感情是炽热的、美好的，而当热恋期过去的时候，我们就要回归现实，面对很大的心理落差。

我遇到过一个女生，她最近跟她男朋友的关系闹得挺僵的。她觉得在他们俩确定恋爱关系之前，男生很关心她，尤其是在情感方面。但是在一起以后，男生比较反感她提出一些更进一步交流的话题，比如她生活中遇到了一些问题想跟他谈，她男朋友就不太愿意，不太高兴，导致现在快要分手了。这个女生问我，恋爱之前和确定关系以后，这种心理落差是不是一定的？

其实，这种心理落差一般体现在女孩子身上。恋爱最美的时候是暧昧的时候，大家关系还没有确定，还在彼此追逐的时候，感情是最炽热的。我曾经提过一个东西叫做"疯恋激素"，男人喜欢一个女生的时候，他的脑子里面会分泌一种"疯恋激素"，女生也会。但是很不幸的是，男生"疯恋激素"的分泌时间大约只有6个月，女生则会长达18个月，所以我们可能要多受12个月的苦，因为我们的"疯恋激素"仍然在分泌。

当我们享受了男生对我们的追逐，享受了这样的关系以后，一旦跟他确定了关系，女生就会有点害怕，她会觉得她已经答应了，他们俩已经住在一起了，她什么东西都给他了，他会不会不要她了。所以女生就开始要证明他还是要她的，他还是最爱她的，于是女生就开始变得很任性。

有时男生会觉得有点不堪其扰，你如果每天要他说八百遍＂我爱你＂，他就会觉得很烦。但是当男生烦的时候，女生就会觉得你是不是已经不爱她了，女生会把问题升华到爱与不爱的层面上来，尽管可能问题本身并没有那么严重。对于年轻的男女来讲，这会是一种磨炼，谁能熬得过去，那就能终成眷属。

相爱容易，相处很难，所以我会建议女生见好就收。如果你确定这个男人是好男人，你确定他是可遇不可求的时候，就不要太过任性。很多时候，女人要一而再、再而三地证明男人对自己的爱，这是在挑战男人的底线。因为对于男人来讲，恋爱是一个阶段性的任务，是一个过程。这个过程的目的是他要能跟这个女人结婚，把感情的关系固定下来。一旦这个目的达成以后，因为我们是在父系社会长大的，男人自然而然就会给自己挑上一个担子，他要开始对你负责任，要开始养家糊口了，所以事业对于他来说就变得更重要了。

因为感情的事情他觉得他已经摆平了，就可以往前走了，但是这并不表示他不爱你了，只是他的重心挪移了。可是女人会不理解，觉得他的重心不在你身上了，就是他不爱你了。我常常跟一些年轻的女孩说，你不能又让马儿跑，又要马儿不吃草。你让他每天都跟你说八百遍"我爱你"，又让他赚钱，那还要不要人活了？马儿要累死了。

激情不能持久燃烧，爱情不会永远保鲜

经常有人问我，金老师，你是如何维系你跟你先生之间的爱情的，你们俩结婚快30年还这么恩爱。我会告诉他，我们从来没有试图保持原先的爱情，因为那是不可能的。所有的感情、所有的情愫都是会与时俱进的，都会随着你身边发生的事情、你经历的生命发生变化，它会加进去很多其他的因素和责任，会有更多的承诺，对孩子、对家庭的责任，等等。这时候的感情已经不再是单纯的爱情了。

所以如果我们仍然要求我们的感情是在恋爱时候的爱情，就会发现充满了挫折。因为已经是时过境迁了，这个感情已经往前走了，已经发生了一些改变，多了一些复杂的因素在里面，你还拿以前的标尺去丈量的话，就会痛苦了。

通常最痛苦的是女人。女人会觉得先生不再像以前那样爱她了。当然，他确实不像以前那样对她了，不是不爱，而是用了另一种感情，两个人之间已经发生这些变化了。所以我建议，作为一个男人，如果想要保鲜你的爱情，就要持续表现对家的责任感，持续表现作为一个先生、一个父亲应该要扮演的角色，那你的妻子就可以体会到你们之间的爱情，她会为之感动的。

另外我觉得，夫妻一定要做彼此的朋友，一定要分享你们的感动。远距离的爱情为什么比较难维系，就是因为两个人没有办法时时分享感动。不要嫌烦，不要嫌累，你得试着持续地分享，他才知道你的心跳在什么地方，你的心理温度是多少。如果有一天你的心跳在这个地方，他的心跳在那个地方，彼此的高度不一致，跳动的速率和温度也不一致的时候，那就是感情要崩解的时候。

所以，不要去管它是什么样的感情，你只要把你的身份做好，持续分享你的感动，你的婚姻就不会有问题。千万不要走入误区，认为爱情是可以持续保鲜的，是可以永远激情燃烧的岁月。不是这样子的，你最终会失望的。

父母不是子女的朋友

年轻人经常问我，怎样才能和父母做朋友。我的回答可能会让你有一点点惊愕。我在讲亲子教育的时候，常常告诉父母，他们不是孩子的朋友，不要忘记自己是父母的身份。因为只有父母才承担管教的责任，如果孩子把他们当成了朋友，而不是父母，那他们就失职了，失去了作为父母管教的责任。当孩子逐渐长大以后，就要开始把父母的角色减少，逐渐多一点朋友的成分，但是他们还是孩子的父母。

但是从孩子的角度讲，又会有一些不同。我在参加节目的时候，有一个男生特意跟我说，他非常想改善和父亲的关系，想跟父亲做朋友。他父亲是一个非常强势的人，从来都不肯心平气和地听他讲话，让他觉得很压抑和无助。

他和他父亲的关系，可以用弗洛伊德的话来解释。弗洛伊德说，一个男人终其一生都在寻求父亲的认同，就像一个女孩终其一生都在寻求母亲的认同一样。所以你一定要先从圈子里面跳脱开来，不要觉得这种事情偏偏发生在你身上，你是如此的无助。第一，你的父亲没有做错什么，他就是你的父亲，他跟你的关系就是一个上对下的关系，所以你先不要觉得你是受害者；第二，你不要

觉得孤单，其实你做的事情是所有男人都在做的事情；第三，不要试图去反抗你的父亲，因为那是徒劳无功的，你们相处的模式是已经确立、无法改变的。

我建议你试着把焦点从你父亲的身上转移开来，去做你能胜任的"搏斗"，一定要跟别人"搏斗"。我说的"搏斗"不是真的去打架。你要在别的地方先证明你自己，去累积你的能量。因为，你的父亲一定会在旁边看着，有一天，当他发觉你已经逐渐变得强大的时候，他的态度就会改变。但如果你一直像堂吉诃德一样去追你追不到的东西，一直用你的能量跟父亲对抗，那么你的能量就会一直在消失。

所以，你要首先承认他是父亲，然后转移你的注意力，转移到你能去搏斗的那些事情上，让父亲看见你的能力。记住，父母不是子女的朋友。